Jürgen Bolten

MARKTCHANCE WIRTSCHAFTSDEUTSCH

Mittelstufe

Klett Edition Deutsch

MARKTCHANCE WIRTSCHAFTSDEUTSCH

Mittelstufe

von Jürgen Bolten

Prof. Dr. Bolten ist Lehrstuhlinhaber für Interkulturelle Wirtschaftskommunikation
an der wirtschaftswissenschaftlichen Fakultät der Friedrich-Schiller-Universität Jena.
Davor war er Privatdozent an der Heinrich-Heine-Universität Düsseldorf und
Geschäftsführer des Instituts für Internationale Kommunikation, Düsseldorf,
wo die „Marktchance Wirtschaftsdeutsch" über mehrere Jahre aus der
Unterrichtspraxis heraus entwickelt wurde.

Redaktion: Wolfgang Weermann

1. Auflage   1   ⁵ ⁴ ³ ² ¹ | 1997 96 95 94 93

Alle Drucke dieser Auflage können im Unterricht nebeneinander benutzt werden,
sie sind untereinander unverändert.
Die letzte Zahl bezeichnet das Jahr des Druckes.

© Verlag Klett Edition Deutsch GmbH, München 1993
Alle Rechte vorbehalten.
Typographie und Layout: Alfred Lahner, München
Umschlagfoto: FPG / Bavaria Bildagentur GmbH, Gauting bei München
Satz: Hans Buchwieser GmbH, München
Druck: Ludwig Auer GmbH, Donauwörth · Printed in Germany

ISBN 3-12-675140-7

Zur Konzeption: S. 4

Reihe	Themen	Fertigkeiten	Grammatik
1 S. 7	Unternehmensformen, Wirtschaftszweige	Standpunkte vertreten, Vor- und Nachteile formulieren	trennbare Verben, Präpositionen als Verbpräfixe, Infinitivsätze mit *zu*
2 S. 21	Standortfaktoren, Lohnkosten, Steuern und Abgaben	Diagramme erläutern, Zahlenverhältnisse beschreiben, Begründungen	Fragesätze als Nebensätze, Zeichensetzung, Substantivkomposita
3 S. 35	Unternehmensaufbau, Finanzierung, Investitionen	Organigramme erläutern, Standpunkte vertreten	Adverbien mit Präposition, Relativsätze, Negationspräfixe
4 S. 47	Marketing: Marktforschung	Fragestrategien anwenden, Interviews führen	Bedeutung von Adjektivsuffixen, Adjektivdeklination
5 S. 61	Bürokommunikation, Bürotechnik	Bestellungen und Angebote formulieren	Passiversatzformen, Modalverben (Konjunktiv, Passiv)
6 S. 75	Materialwirtschaft, Fertigung	Schaubilder beschreiben, Bezugnahme, Mitteilung	nebensatzeinleitende Konjunktionen, feste Verbpräfixe
7 S. 87	Werbung	Werbeaussagen formulieren	indirekte Rede, Konjunktiv I, Präpositionen
8 S. 103	Personalwirtschaft, Teilzeitarbeit, Bewerbungen	Lebenslauf, Bewerbung formulieren	Adjektivdeklination, Fugen-s
9 S. 115	Verkaufsorganisation, Messewesen	Telefonkommunikation, Widerruf formulieren	Wortstellung im Mittelfeld, subordinierende Konjunktionen, Passiv
10 S. 131	Absatzlogistik, Transport	Anfrage, Mängelrüge, Lieferbedingungen formulieren	Partizipialkonstruktionen, eingeschobene Relativsätze
11 S. 147	Außenhandel, internationaler Zahlungsverkehr	Small talk führen	Passiv, Funktionsverbgefüge, Adjektivdeklination, Präpositionen

Quellenangaben: S. 158

Zur Konzeption von Marktchance Wirtschaftsdeutsch – Mittelstufe

Zielgruppe

Ausländische Führungs- und Nachwuchskräfte aus den Bereichen Handel, Industrie und Politik sowie ausländische Studenten wirtschaftswissenschaftlicher Fachrichtungen.
Vorausgesetzt werden Deutschkenntnisse auf Mittelstufenniveau (ca. 500 Unterrichtsstunden).

Übergeordnetes Lernziel

Optimierung der Handlungsfähigkeit in allgemein-wirtschaftlichen Bereichen mittels
- Sprachsensibilisierung auf gehobenem lexikalischem Anforderungsniveau.
- produktivem Umgang mit wirtschaftsspezifischen Textsorten.
- anwendungsbezogener Erarbeitung von Redemitteln und idiomatischen Wendungen, die für das sprachliche Handlungsfeld der Adressaten relevant sind.
- Übungen zur Wortbildung und zur Grammatik auf gehobenem Anforderungsniveau.

Zeitlicher Umfang

ca. 120 Unterrichtsstunden

Inhaltliche Konzeption

Marktchance Wirtschaftsdeutsch behandelt allgemeine Wirtschaftsthemen, die in nahezu alle adressatenspezifischen Branchen und Arbeitsfelder hineinspielen. Im Gegensatz zu anderen Lehrwerken Deutsch als Fremdsprache liegt **Marktchance Wirtschaftsdeutsch** ein durchgängiger Handlungsfaden, eine Story, zugrunde. Dem Lerner werden auf diese Weise Möglichkeiten eröffnet, als potentieller Beteiligter in die Handlung einzugreifen und den deutschen Wirtschaftsalltag in annähernd realistischer Form zu simulieren.

Methodisch-didaktische Konzeption

Dem übergeordneten Lernziel entsprechend, sind die Übungsformen in **Marktchance Wirtschaftsdeutsch** ausschließlich kommunikativ und interaktiv angelegt.
Dementsprechend können die meisten Übungen in Gruppen- oder Partnerarbeit durchgeführt werden.
Zur Lernkontrolle ist jeder Reihe ein Testblock (ISBN 3-12-675142-3) beigefügt, der im wesentlichen jeweils Aufgaben zur schriftlichen Produktion/Handelskorrespondenz umfaßt und außerhalb des Unterrichts bearbeitet werden sollte.
Die separaten Testblöcke ermöglichen eine vom Lehr-/Arbeitsbuch unabhängige Korrektur.
Eine Progression der Lernanforderungen wird in allen Fertigkeitsbereichen durch eine sukzessive Zunahme des produktiven Charakters der einzelnen Übungsformen erreicht.
Die Übungen zum *Hörverstehen* (Audiokassette, 3-12-675141-5, Transkripte im Testblock) greifen insbesondere auf den in der jeweiligen Reihe eingeführten Wortschatz zurück. Die Hörtexte orientieren sich weitgehend an authentischen Vorlagen.

Bei den *Leseverständnis*texten werden Übungen zum vorausschauenden, orientierenden und kursorischen Lesen eingesetzt; es gilt, lexikalische Bedeutungen aus dem Kontext zu erschließen, Standpunkte zu erkennen und zusammenzufassen sowie Tabellen und Diagramme zu beschreiben. Die Texte stammen überwiegend aus der gehobenen Wirtschaftspresse.

Zur Verbesserung der *Sprechfertigkeit* sind Redemittel und Redeintentionen einander zuzuordnen und in der Praxis anzuwenden. Unterstützt wird der Bereich kommunikativen Handelns durch Fallstudien und Diskussionsanlässe, denen überwiegend Fragestellungen der wirtschaftsbezogenen Landeskunde zugrunde liegen.

Die Übungen *Schreibfertigkeit* (komplettierend – formal gebunden – frei) orientieren sich an Textsorten des Adressatenbereichs.

Aufgrund ihrer durchgängigen Einbindung in die Story ist die *Grammatik* in einen vollständig kommunikativen Rahmen eingebettet.

Reihe 1

Wirtschaftszweige · Unternehmensformen

Standpunkte vertreten · Vor- und Nachteile formulieren

1 Steffen Härtler arbeitet als Assistent der Geschäftsführung in einem Hamburger Chemieunternehmen. Zusammen mit Sabine Nebach, einer Diplom-Chemikerin aus dem gleichen Betrieb, hat er eine Produktidee entwickelt: Eine „Überraschungsseife", die in ihrem Inneren eine kleine Plastikkapsel mit Spielzeug enthält.

Da die Idee erfolgversprechend ist und ein ähnliches Produkt bislang noch nicht existiert, überlegen die beiden, sich in der Kosmetik-Branche selbständig zu machen.

Würden Sie ihnen grundsätzlich dazu raten? Worin sehen Sie die Vor- bzw. Nachteile selbständiger gegenüber unselbständiger Arbeit? Notieren Sie Stichworte und diskutieren Sie unter Verwendung der untenstehenden Redemittel:

Pro	Kontra

Die berufliche Selbständigkeit

Vor- und Nachteile				
Der	Vorteil Vorzug Nachteil	+ Genitivergänzung (wessen?)	besteht in liegt in besteht darin,	+ Dativergänzung
Nominativergänzung (Wer? Was?)	hat		den Vorteil, den Nachteil,	+ daß-Satz oder + Infinitivsatz
	erweist sich als		vorteilhaft, nachteilig,	+ kausaler Nebensatz

2 **Klären Sie die Bedeutung der auf Seite 9 aufgeführten Begriffe und vervollständigen Sie die Übersicht. Welcher Gruppe von Erwerbstätigen wären Herr Härtler und Frau Nebach zuzuordnen, wenn sie ein eigenes Unternehmen gründen würden?**

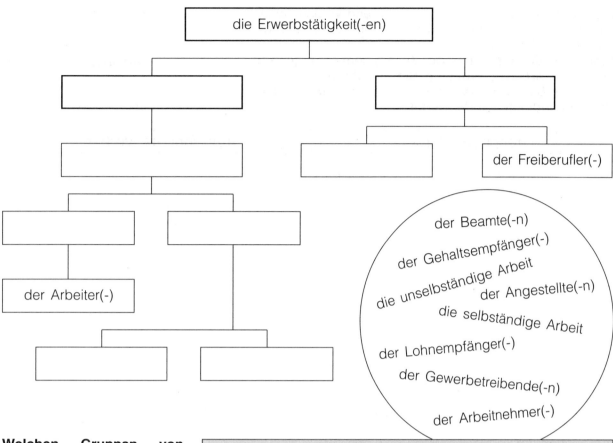

die Erwerbstätigkeit(-en)

der Freiberufler(-)

der Arbeiter(-)

der Beamte(-n)

der Gehaltsempfänger(-)

die unselbständige Arbeit

der Angestellte(-n)

die selbständige Arbeit

der Lohnempfänger(-)

der Gewerbetreibende(-n)

der Arbeitnehmer(-)

Welchen Gruppen von Erwerbstätigen können die in der Tabelle genannten Berufe zugeordnet werden?

3

	TOP TEN der Berufe Berufe mit hohem Ansehen			
Rang-platz	Alte Bundesländer		Neue Bundesländer	
1	Prakt. Arzt	6.20	Prakt. Arzt	6.49
2	Zahnarzt	5.83	Zahnarzt	6.20
3	Tierarzt	5.77	Handwerker	5.90
4	Apotheker	5.57	Apotheker	5.80
5	Rechtsanwalt	5.56	Lehrer	5.79
6	Staatsanwalt	5.49	Tierarzt	5.79
7	Ingenieur	5.48	Sozialarbeiter	5.71
8	Architekt	5.42	Rechtsanwalt	5.69
9	Lehrer	5.28	Landwirt	5.61
10	Hausfrau/-mann	5.20	Staatsanwalt	5.31
			Architekt	5.31
	Berufe mit niedrigem Ansehen			
Rang-platz	Alte Bundesländer		Neue Bundesländer	
21	Postbeamter	4.37	Schriftsteller	4.12
22	Offizier	4.32	Bundestagsabgeordneter	3.90
23	Werbefachmann	4.07	Werbefachmann	3.34
24	Finanzbeamter	3.97	Offizier	3.16
25	Versicherungsvertreter	3.22	Versicherungsvertreter	3.06

4

Das Prestige einiger Berufe ist in den alten und den neuen Ländern der Bundesrepublik teilweise unterschiedlich.
Warum?
Diskutieren und begründen Sie. Welches sind im Unterschied hierzu in Ihrer Heimat die angesehensten Berufe?

Quelle: EMNID-Institut

5 Die Zusammensetzungen von Präfixen und Verben zählen im Wirtschaftsdeutschen zu den produktivsten Wortbildungsmöglichkeiten.
Klären Sie die Bedeutung der Zusammensetzungen mit dem Verb *arbeiten*. Notieren Sie, welche der entstandenen Verben trennbar und welche untrennbar sind. Vervollständigen Sie die Regel:

über-   be-

aus-   auf-

zu-   ***arbeiten***   er-

ver-

nach-   mit-   vor-

trennbare Verben	untrennbare Verben

Verben sind trennbar, wenn die Betonung auf der _____ Silbe liegt.

6 **Ergänzen Sie in dem Telefongespräch zwischen der Unternehmensberaterin Frau Artmann und Herrn Härtler die passenden Verben aus Übung 5:**

Artmann: Multiplan Unternehmensberatung, Artmann.

Härtler: Härtler hier, guten Tag Frau Artmann. Frau Artmann, Sie sind mir von Herrn Höbel, einem guten Freund aus Göttingen, empfohlen worden. Es geht darum, daß ich mich als Gewerbetreibender im Kosmetikbereich gerne selbständig machen möchte. Dazu brauche ich einige fachkundige Ratschläge. Könnten Sie mir da weiterhelfen?

Artmann: Gerne Herr Härtler. Haben Sie denn schon einen Plan für die Unternehmensgründung _____?

Härtler: Ja, zumindest ansatzweise. Auf jeden Fall wird eine Kollegin _____, die sich in jahrelanger Praxis das notwendige technische Fachwissen _____ hat. Sie hat verschiedene neue Methoden entwickelt, mit denen man beispielsweise Rohstoffe preisgünstiger als bisher zu Seife _____ kann.

Artmann: Aber Sie sind kein Chemiker, nehme ich an?

Härtler: Das stimmt, ich bin Betriebswirt und _____ als Angestellter in einem Hamburger Chemieunternehmen. Dort muß ich allerdings fast ausschließlich Rechtsfälle _____. Mit anderen Worten: ich muß meinem Chef _____.

Dazu habe ich auf Dauer keine große Lust – darum auch mein Wunsch, mich selbständig zu machen und nicht länger als Gehaltsempfänger zu _____.

Artmann: Das kann ich verstehen, Herr Härtler. Wir sollten uns einmal treffen und alle Fragen einer selbständigen Erwerbstätigkeit genau besprechen. Diese Woche geht es bei mir leider nicht, weil ich noch einiges _____ muß, was wegen einer Geschäftsreise liegengeblieben ist. Könnten Sie mich den nächsten Montag so gegen 15.00 Uhr in meinem Kieler Büro besuchen?

Härtler: Ich denke schon, Frau Artmann. ich mache dann früher Feierabend. Das Versäumte kann ich ja am Dienstag _____ .

Artmann: Also dann – bis Montag, Herr Härtler!

Härtler: Auf Wiederhören, Frau Artmann.

7

Um ein Unternehmen erfolgreich führen zu können, muß man über bestimmte Persönlichkeitsmerkmale verfügen. Auf jeden Fall sollten eine Unternehmerin oder ein Unternehmer ...

... (a) schnell Entscheidungen treffen können.

... (b) Stärke in Verhandlungen zeigen.

... (c) sich für die Umwelt verantwortlich zeigen.

... (d) zu Kompromissen bereit sein.

... (e) bereit sein, ein Risiko zu übernehmen.

... (g) Talent für organisatorische Dinge besitzen.

... (f) ein gewisses Bewußtsein für Traditionen haben.

Bilden Sie daß-Sätze und leiten Sie die entsprechenden Adjektive ab:

Es ist wichtig, daß man ...

	Adjektiv:
a) *schnell Entscheidungen treffen kann.*	*entscheidungsschnell*
b) _____	_____
c) _____	_____
d) _____	_____
e) _____	_____
f) _____	_____
g) _____	_____

8

a) Welche der genannten Persönlichkeitsmerkmale sind Ihrer Meinung nach die drei wichtigsten? Legen Sie die Rangfolge fest:

1. _____ 2. _____ 3. _____

b) Diskutieren Sie, welche – hier nicht genannten – Eigenschaften ein Manager außerdem besitzen sollte.

9 Vergleichen Sie das Ergebnis Ihrer Diskussion mit dem einer Umfrage, die das *Handelsblatt* in Deutschland unter Führungskräften und Studenten durchgeführt hat.
Gibt es Unterschiede? Welche kulturbedingten Ursachen könnte es hierfür geben?

10 Klären Sie die Bedeutung der anderen in der Übersicht genannten Merkmale. Formulieren Sie – aus der Sicht Ihres Landes – Sätze nach untenstehendem Beispiel und ergänzen Sie die angeführten Adverbien sinngemäß:

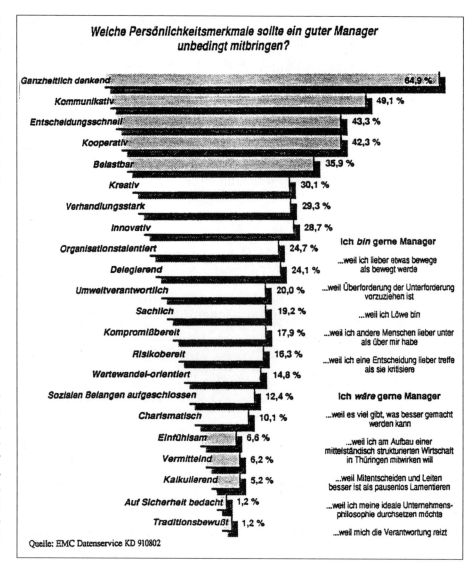

Welche Persönlichkeitsmerkmale sollte ein guter Manager unbedingt mitbringen?

Ganzheitlich denkend	64,9 %
Kommunikativ	49,1 %
Entscheidungsschnell	43,3 %
Kooperativ	42,3 %
Belastbar	35,9 %
Kreativ	30,1 %
Verhandlungsstark	29,3 %
Innovativ	28,7 %
Organisationstalentiert	24,7 %
Delegierend	24,1 %
Umweltverantwortlich	20,0 %
Sachlich	19,2 %
Kompromißbereit	17,9 %
Risikobereit	16,3 %
Wertewandel-orientiert	14,8 %
Sozialen Belangen aufgeschlossen	12,4 %
Charismatisch	10,1 %
Einfühlsam	6,6 %
Vermittelnd	6,2 %
Kalkulierend	5,2 %
Auf Sicherheit bedacht	1,2 %
Traditionsbewußt	1,2 %

Quelle: EMC Datenservice KD 910802

Ich *bin* gerne Manager

...weil ich lieber etwas bewege als bewegt werde

...weil Überforderung der Unterforderung vorzuziehen ist

...weil ich Löwe bin

...weil ich andere Menschen lieber unter als über mir habe

...weil ich eine Entscheidung lieber treffe als sie kritisiere

Ich *wäre* gerne Manager

...weil es viel gibt, was besser gemacht werden kann

...weil ich am Aufbau einer mittelständisch strukturierten Wirtschaft in Thüringen mitwirken will

...weil Mitentscheiden und Leiten besser ist als pausenlos Lamentieren

...weil ich meine ideale Unternehmensphilosophie durchsetzen möchte

...weil mich die Verantwortung reizt

Es ist _____ notwendig,

ganzheitlich zu denken.

traditionsbewußt zu handeln.

weniger   kaum
ziemlich
durchaus
überaus
äußerst

Während der Fahrt zu der Kieler Unternehmensberatung liest Frau Nebach in einer Broschüre **11** einen Artikel über verschiedene Wege, die zur Selbständigkeit führen. Der Artikel enthält mehrere Substantiv-Verb-Kombinationen.
Wie heißen und was bedeuten sie?

das Unternehmen(-) _____

die Kenntnis(-se) _____

die Leistung(-en) _____

sich nach einem Wunsch _____

etwas ins Auge _____

fassen
einbringen*
erbringen*
aufbauen   richten

Welche Möglichkeiten der Selbständigkeit werden in dem Artikel genannt? **12**
Lesen Sie den Text zügig und ergänzen Sie die nachstehende Übersicht stichwortartig:

Wege zur Selbständigkeit

Überlegen Sie sich, ob Sie ein eigenes Unternehmen unbedingt komplett aufbauen wollen, oder ob es noch andere Möglichkeiten für Sie gibt, sich selbständig zu machen.
– Sie können zum Beispiel Ihre fachlichen Kenntnisse als Partner in ein
5   bereits existierendes Unternehmen einbringen.
– Sie können, beispielsweise für Ihren früheren Arbeitgeber, als Subunternehmer bestimmte Teilleistungen auf der Grundlage eines festen Vertrages erbringen. Nachteilig ist allerdings, daß Sie sich nach den Wünschen Ihres Auftraggebers richten müssen und in hohem Maße von ihm abhän-
10   gig werden.
– Sie können einen bestehenden Betrieb übernehmen. Prüfen Sie aber die ins Auge gefaßten Firmen sehr sorgfältig hinsichtlich Auftragsbestand, Standort und Kundenstruktur.
Sie können das System des Franchising nutzen. Es handelt sich hierbei um
15   ein Filialsystem, das auf einer Vielzahl selbständiger Unternehmer (Lizenznehmer) basiert.

nach: BMWI, Starthilfe

Wege zur Selbständigkeit

durch …	als …	als …	durch …	mittels …

13 Nach der Lektüre des Artikels berichtet Frau Nebach Herrn Härtler über die fünf Möglichkeiten selbständiger Erwerbstätigkeit. Die beiden diskutieren anschließend die jeweiligen Vor- und Nachteile.
Übernehmen Sie ihre Rollen. Verwenden Sie dabei die auf S. 8 genannten Redemittel.
Wozu würden Sie den beiden raten?

14 **Markieren Sie die Wortanfänge und alle Buchstaben, die groß geschrieben werden müssen.**
An welche Stellen müssen Satzeichen eingefügt werden?

daesrelativproblematischistinderkosmetikbrancheeinproduktions-
unternehmenvollkommenneuaufzubauenhabensichherrhärtlerund
fraunebachentschlosseneinenbereitsbestehendenbetriebzuüber-
nehmenvonderunternehmensberaterinmöchtensievorallemauskünfte
überdiemöglicheunternehmensformunddiefinanzierungswege
erhaltennatürlichhoffensieauchdaraufdaßsiebetriebegenannt
bekommendieübernommenwerdenkönnen

15 **Notieren Sie die Ihnen bekannten Regeln für die Großschreibung im Deutschen:**

16 Der Weg in die gewerbliche Selbständigkeit ist zwangsläufig mit der Wahl einer bestimmten Rechtsform für das eigene Unternehmen verbunden.
Welche Unternehmensformen werden mit den nachstehenden Abkürzungen bezeichnet?
Können Sie Näheres über diese Unternehmensformen sagen?

GmbH: _____

AG: _____

OHG: _____

KG: _____

KGaA: _____

Welche weiteren Unternehmensformen kennen Sie? Welche gibt es in Ihrer Heimat? Worin bestehen die Unterschiede zum deutschen System? **17**

Kommanditgesellschaft (f) n
En limited partnership
Es sociedad en comandita *(f)*
Fr société en commandité *(f)*
It società in accomandita semplice *(f)*
Pt sociedade em comandita *(f)*

Aktiengesellschaft (AG) (f)
En public limited company
Es Sociedad anónima (SA) *(f)*
Fr Société anonyme (SA) *(f)*
It Società anonima (SA) *(f)*
Pt Sociedade anónima (SA) *(f)*

offene Handelsgesellschaft (OHG) (f)
En partnership
Es sociedad regular colectiva (SRC) *(f)*
Fr société en nom collectif *(f)*
It società *(f)*
Pt sociedade em nome colectivo *(f)*

Gesellschaft mit beschränkter Haftung (GmbH) (f)
En private limited company
Es Compañia privada de responsabilidad limitada *(f)*
Fr Société à responsabilité limitée (SARL) *(f)*
It Società a responsabilità limitata (Srf) *(f)*
Pt Sociedade por quotas de responsabilidade limitada *(f)*

Bezogen auf ihre Rechtsform lassen sich die meisten Unternehmen entweder den *Personengesellschaften* oder den *Kapitalgesellschaften* zuordnen.
Was stellen Sie sich unter diesen Bezeichnungen vor, wenn Sie zunächst nur von den jeweiligen Wortzusammensetzungen ausgehen?
Erklären Sie die Unterschiede auch mit Hilfe der nebenstehenden Übersicht.

18

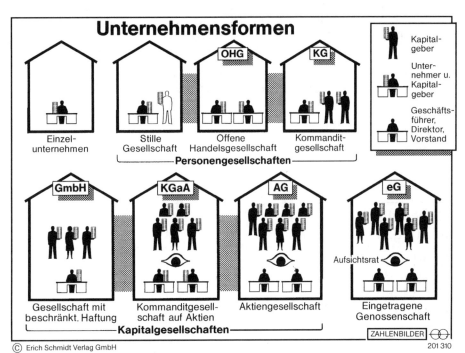

© Erich Schmidt Verlag GmbH   201 310

Ordnen Sie die aufgeführten Begriffe den Definitionen zu. Ergänzen Sie jeweils den Artikel: **19**

Finanzielle Verantwortlichkeit für den Schaden eines anderen: _____

Geldbetrag, der einem Unternehmen zu Finanzierungszwecken zur Verfügung gestellt wird: _____

Finanzielle Verbindlichkeit; Zahlungsrückstand: _____

Jemand, der von einem Schuldner ausstehende finanzielle Leistungen erwartet: _____

Jemand, der sich finanziell an einem Unternehmen beteiligt: _____

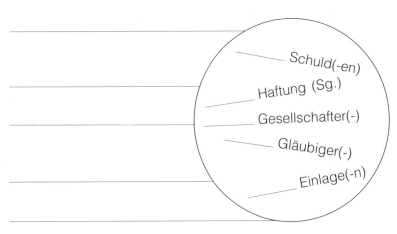

Schuld(-en)
Haftung (Sg.)
Gesellschafter(-)
Gläubiger(-)
Einlage(-n)

20 **Lesen Sie den nachstehenden Text und ergänzen Sie die Übersicht entsprechend:**

Unternehmensformen

Der Einzelunternehmer ist alleiniger Eigentümer, er haftet unbeschränkt für die Geschäftsschulden. Der erwirtschaftete Gewinn gehört ihm. Bei den Personengesellschaften schaffen
5 sich die Gesellschafter mit ihren Kapitaleinlagen zumeist ein persönliches Wirkungsfeld. Zu diesen Gesellschaften zählen die offene Handelsgesellschaft (OHG), die Kommanditgesellschaft (KG) und die Stille Gesellschaft. Die
10 OHG ist eine handelsrechtliche Vereinigung von zwei oder mehreren Personen zum Betrieb eines Handelsgewerbes unter gemeinsamer Firma. Jeder Gesellschafter haftet unbeschränkt gegenüber den Gläubigern der OHG. In der KG
15 haftet der persönlich tätige Gesellschafter (Komplementär) unbeschränkt, während die übrigen (Kommanditisten) nur in Höhe Ihrer Einlage haften. Dafür sind sie an der Geschäftsführung nicht beteiligt. Der Stille Gesellschafter
20 beteiligt sich mit seiner Einlage am Gewinn. Er tritt nach außen nicht in Erscheinung und haftet auch nicht.
Kapitalgesellschaften haben im Gegensatz zu Personengesellschaften eine eigene Rechtspersönlichkeit; sie sind juristische Personen. Hier-
25 zu gehören die Aktiengesellschaft (AG), die Kommanditgesellschaft auf Aktien (KGaA) und die Gesellschaft mit beschränkter Haftung (GmbH).

nach: Zahlenbilder 2013108/81

	Einzelunternehmen	OHG	KG
Haftung: – wer? – wie?			
Geschäfts-führung:			
Mindest-anzahl der Gründungs-personen:			

21 **Ordnen Sie das jeweils passende Verb zu:**

sich auf die Suche nach (+ Akk.) _____

das Kapital (hier Sg.) _____

die Haftung (hier Sg.) _____

Einfluß (hier Sg.) _____

der Betrag(÷e) _____

einen Ratschlag(÷e) _____

die Stimme(-n) _____

haben* abgeben*
übernehmen*
sich belaufen auf* (Akk.)
geben* begeben*
beschaffen

GmbH oder AG

Sie hören gleich einen Teil eines Gespräches, das Herr Härtler und Frau Nebach in der Kieler Unternehmensberatung mit Frau Artmann geführt haben.

Sehen Sie sich bitte vor dem ersten Hören die nachstehende Tabelle genau an. Überlegen Sie, worum es in dem Gespräch im einzelnen gegangen sein könnte. Vervollständigen Sie die Tabelle beim ersten Hören:

	GmbH	AG
Haftung: – wer? – wie?		
Geschäfts- führung:		
Kapital- basis:	DM _____ kapital	DM _____ kapital
Mindest- anzahl der Gründungs- personen:		

22 Für welche Gesellschaftsform würden Sie sich an Stelle von Frau Nebach und Herrn Härtler entscheiden? Diskutieren Sie und führen Sie in Ihrer Gruppe eine Abstimmung durch.

Unternehmensplanspiel

Wie wir gehört haben, fehlt Frau Nebach und Herrn Härtler ein größerer Geldbetrag, um einen Produktionsbetrieb übernehmen zu können. Sie und alle anderen Kursteilnehmer sind jedoch von den beiden als Kapitalgeber und Gesellschafter gewonnen worden.

Jeder von Ihnen beteiligt sich mit 1 Million DM Kapitaleinlage an dem Unternehmen. Dieses Geld wird Ihnen als Startkapital zur Verfügung gestellt. Damit verbunden ist ein Anteil von 1000 Stimmen bei allen Unternehmensentscheidungen, die es – von Ihnen – im Verlauf des Kurses zu treffen gilt (je 1 000,– DM = 1 Stimme): Ihr Kapitalanteil kann – je nachdem, welche Entscheidungen Sie fällen –, während des Kursverlaufs erhöht oder vermindert werden.

Zusätzlich haben Sie in jeder Reihe des Lehrbuchs zwei weitere Möglichkeiten der Kapitalvermehrung:
- jeder erreichte Punkt in dem Test zur jeweiligen Reihe bedeutet eine Kapitalvermehrung um 1000,– DM,
- innerhalb jeder Reihe kann von ihrem Dozenten eine Übung zur Planspielaufgabe erklärt werden. Auch hier zählt jeder erreichte Punkt 1000,– DM (bei Gruppenarbeiten kann sich jedes Gruppenmitglied die insgesamt von der Gruppe erreichte Punktzahl gutschreiben).

Die Höhe des Kapitalanteils ist für den Stimmanteil bei Unternehmensentscheidungen von großer Bedeutung. Aus diesem Grund sollten Sie am Ende jeder Reihe den jeweils aktuellen Kapital- und Stimmanteil der einzelnen Kursteilnehmer notieren.

Kapitaleinlage:	1 000 000,– DM
Punkte aus der Planspielaufgabe x 1000:	
Summe:	

Planspielaufgabe

Der folgende Text gibt Auskunft über die Möglichkeiten der Namensgebung von Unternehmen.
Ergänzen Sie beim ersten Lesen zunächst die fehlenden Präpositionen.

Und was ist eine Firma

Die Firma ist der Name Ihres Unternehmens und nicht, wie die Umgangssprache vermuten läßt, das Unternehmen selbst. Erst _____ der Eintragung ins Handelsregister haben Sie das Recht, Ihren Betrieb _____ mehr als nur Ihrem Vor- und Nachnamen zu bezeichnen. Als Einzelunternehmer

5 dürfen Sie nur Ihren Namen _____ mindestens einem ausgeschriebenen Vornamen sowie einen die Tätigkeit klar definierenden Zusatz benutzen (z.B. Willi Wichtig, Werbeagentur). Sachfirmen, die den Gegenstand eines Unternehmens bezeichnen, können grundsätzlich nur _____ Kapitalgesellschaften gebildet werden (z.B. Putz-Blitz GmbH). Wenn Sie _____ der

10 Firma einen werbewirksamen Zusatz verbinden, muß dieser gleichfalls ins Handelsregister eingetragen werden (z.B. Schluck & Auf OHG, Der Getränke-Spezialist). Gesellschaftsverhältnisse müssen klar erkennbar sein – eine OHG, KG, GmbH oder GmbH & Co KG muß die entsprechende Abkürzung als Zusatz _____ Firma aufweisen.

nach: BMWI, Starthilfe

Herr Härtler und Frau Nebach haben sich zur Gründung einer GmbH entschlossen.
– **Wie soll das Unternehmen heißen? Diskutieren und entscheiden Sie.**
– **Wie müßte die Firma im Fall (a) einer KG und (b) einer OHG lauten?**

Jetzt sind alle Voraussetzungen geschaffen, um das Unternehmen zu gründen. Dies geschieht in Deutschland durch eine Eintragung ins Handelsregister.
Sehen Sie sich das Schaubild an und beschreiben Sie den Vorgang der Eintragung. Bestehen Unterschiede zu ähnlichen Verfahren in Ihrer Heimat?

Anmeldung zur Eintragung

Registergericht (Amtsgericht)

Das Handelsregister

Abteilung A

für **Einzelkaufleute, Personengesellschaften (OHG, KG)**

Inhalt der Eintragungen:
Firma · Name des Inhabers bzw. des persönlich haftenden Gesellschaft, des Geschäftsführers oder des Vorstands · Rechtsform der Firma · Unternehmens -

Abteilung B

für **Kapitalgesellschaften (AG, GmbH, KGaA), VVaG**

zweck · Zweigniederlassungen Ggf. Gesellschafter oder Kommanditisten, Höhe der Einlagen, des Grund- oder Stammkapitals Konkurs · Vergleich · Liquidation · Löschung

ZAHLENBILDER

201 315

26 **Nehmen Sie die Eintragung in das Handelsregister vor.**

Der vorläufige Unternehmenssitz ist Hamburg. Herr Härtler und Frau Nebach werden zunächst gemeinsam zu Geschäftsführern bestellt.

Handelsregister – Abt. B – des Amtsgerichts Hamburg Blatt 1			HRB
a) Firma b) Sitz c) Gegenstand des Unternehmens	Grundkapital oder Stammkapital	(a) Geschäftsführer (b) Gesellschafter	Rechtsform
(a) (b) (c)		(a) (b)	

Reihe 2

Standortfaktoren · Lohnkosten · Steuern und Abgaben

Diagramme erläutern · Zahlenverhältnisse beschreiben · begründen

1 Nachdem sich Herr Härtler und Frau Nebach entschlossen haben, einen Betrieb der Kosmetikbranche zu übernehmen, ist es für sie wichtig zu wissen, welcher Standort innerhalb der Bundesrepublik dafür besonders geeignet ist.

Um dieses herausfinden zu können, muß eine Standortanalyse durchgeführt werden. Von großer Bedeutung sind in diesem Zusammenhang die nachstehenden Faktoren.

Worauf beziehen sie sich? Klären Sie jeweils die Bedeutung und ordnen Sie die Begriffe im Kreis den einzelnen Bereichen zu:

---

a) die Material- und Beschaffungsorientierung:

---

b) die Arbeitsmarktorientierung:

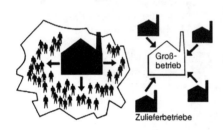

das Verkaufsgebiet(-e)
die Grundsteuer(-n)
der Rohstofflieferant(-en)
die Lohnkosten (Pl.)
die Zugverbindung(-en)
die Autobahnanbindung(-en)
die Arbeitslosenzahl(-en)
die Energiekosten (Sg.)
die Händlernähe (Sg.)
der Zulieferbetrieb(-e)
die Flughafennähe (Sg.)

---

c) die Absatzorientierung:

---

d) die Abgabenorientierung:

e) die Verkehrsorientierung:

---

2 **Welche der Faktoren müssen bei der Suche eines Standortes für unseren Industriebetrieb – außer dem Kaufpreis – vorrangig beachtet werden? Begründen Sie Ihre Meinung in der Diskussion und bilden Sie eine Rangfolge:**

1.	2.	3.	4.	5.

Fragesätze als Nebensätze

Nachstehend lesen Sie einige Fragen, die Herrn Härtler und Frau Nebach in bezug auf die Standortwahl durch den Kopf gehen.
Auf welche der in Übung 1 genannten Standortfaktoren (a-e) beziehen sie sich?

(1) Wie hoch sind die Lohnkosten? (_____)

(2) In welchem Umkreis liegen die wichtigsten Großhändler? (_____)

(3) Wo ist der nächste Autobahnanschluß? (_____)

(4) Sind die Zugverbindungen günstig? (_____)

(5) Wie weit entfernt liegen die wichtigsten Zulieferbetriebe? (_____)

(6) Befinden sich Rohstofflieferanten in der Nähe? (_____)

(7) Welches Image hat der Standort? (_____)

(8) Wie hoch sind die Energiekosten? (_____)

(9) Mit welchen Konkurrenten haben wir es zu tun? (_____)

Da die Fragen auf offene Probleme verweisen und zum jetzigen Zeitpunkt von keinem der beiden beantwortet werden können, ist es sinnvoll, sie als Nebensätze zu formulieren. Hierbei gilt folgende Regel:

> Wenn ein Fragesatz als Nebensatz gebraucht wird, muß er mit einer Konjunktion eingeleitet werden.
> Bei *Fragen ohne Fragewort* steht immer die Konjunktion „ob";
> bei *Fragen mit Fragewort* steht *das jeweilige Fragewort* bzw. die Zusammensetzung mit einer Präposition als Konjunktion:

Ist ein Flughafen in der Nähe?   *Wie* weit ist es zum Flughafen?

Wir	müssen sollten			Kenntnisse darüber erlangen, wissen, in Erfahrung bringen, herausfinden,	*ob* ein Flughafen in der Nähe ist. *wie* weit es zum Flughafen ist.
		uns	∧	informieren,	

ebenso   außerdem
zuvor   weiterhin
vor allem   danach   auch noch
allerdings auch   darüber hinaus

4 Ergänzen Sie das nachfolgende Gespräch zwischen Frau Nebach und Herrn Härtler unter Bezugnahme auf die Informationen aus Übung 3:

Nebach: Wenn ich es richtig verstanden habe, Herr Härtler, sind es ja wohl insgesamt fünf Faktoren, auf die wir bei der Standortwahl besonders achten müssen.

Härtler: Stimmt, Frau Nebach. Fangen wir bei der Arbeitsmarktorientierung an. Hier ist es sicherlich wichtig herauszufinden, _____ es an den potentiellen Standorten überhaupt genügend qualifizierte Chemiefacharbeiter gibt.

Nebach: Na ja, wir sollten uns vor allem auch erkundigen, (1) _____

_____

Nicht zu vergessen ist allerdings der Material- und Beschaffungsfaktor.

Härtler: Unser zweiter Punkt.

Nebach: Richtig. Und da müßten wir (6) _____

_____

und (5) _____

Härtler: In gewisser Weise hat das ja auch etwas mit der Verkehrsorientierung zu tun. Das heißt,

(3) _____

und (4) _____

Nebach: Da kennen Sie sich, glaube ich, besser aus als ich, Herr Härtler. Ich würde mich dann um den Abgaben- und Betriebskostenbereich kümmern. Ich würde mich vor allem bemühen herauszufinden, (8) _____

Härtler: Ja, gut. Aber Fragen, die den Absatzfaktor betreffen, also (2) _____

_____

(9) _____

oder (7) _____

sollten wir allerdings gemeinsam zu beantworten versuchen.

Nebach: Obwohl wir ja nicht an einem bestimmten Ort, sondern flächendeckend in ganz Deutschland und später vielleicht auch über die Grenzen hinaus verkaufen wollen.

Härtler: Trotzdem sind diese Fragen nicht unwichtig – ich denke da auch an das Image eines Standortes. Das kann für einen reinen Poduktionsbetrieb schon von Bedeutung sein.

Nebach: Na, ich weiß ja nicht so recht. *Wo* unsere Seife hergestellt wird, ist dem Käufer vermutlich ziemlich gleichgültig. Im übrigen: welches Image haben denn für Sie Städte wie München, Hannover, Leipzig oder Regionen wie das Saarland oder das Ruhrgebiet?

5 Wie würden Sie die Frage von Frau Nebach beantworten?
Notieren Sie jeweils drei Adjektive, die Ihrer Erfahrung oder Vermutung nach folgende Städte und Regionen charakterisieren. Vergleichen Sie Ihre Ergebnisse:

München: _____

Hannover: _____

Leipzig: _____

Saarland: _____

Ruhrgebiet: _____

Seit der Vereinigung von BRD und DDR besteht Deutschland aus 16 Bundesländern.
Bestimmen Sie die jeweilige Lage. Ordnen Sie den Ländernamen die entsprechenden Zahlen aus der Karte zu:

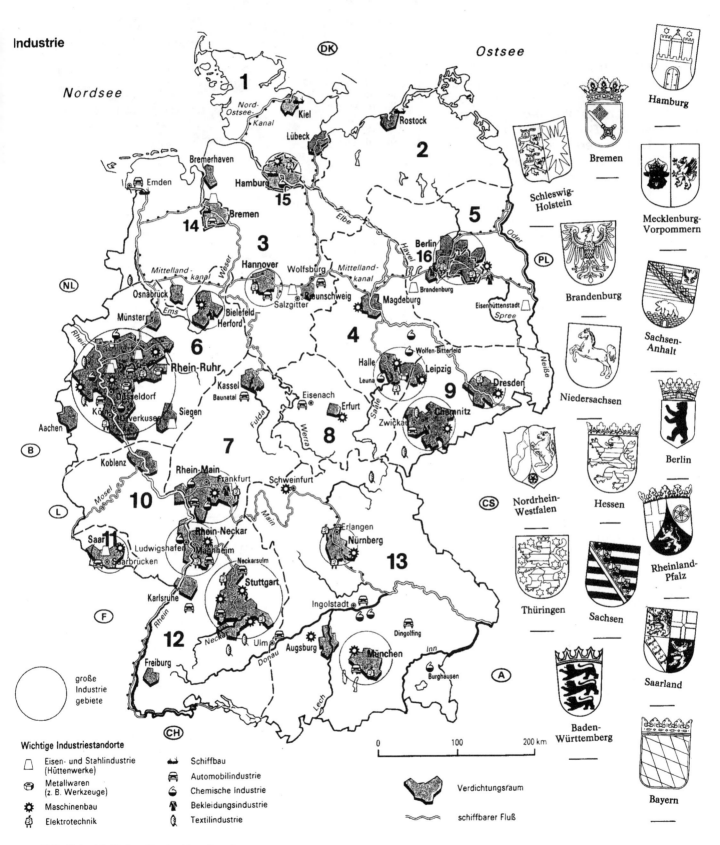

Industrie

Wichtige Industriestandorte

Eisen- und Stahlindustrie (Hüttenwerke)		Schiffbau	
Metallwaren (z. B. Werkzeuge)		Automobilindustrie	
Maschinenbau		Chemische Industrie	
Elektrotechnik		Bekleidungsindustrie	
		Textilindustrie	

Verdichtungsraum

schiffbarer Fluß

große Industrie gebiete

Hamburg

Bremen

Schleswig-Holstein

Mecklenburg-Vorpommern

Brandenburg

Sachsen-Anhalt

Niedersachsen

Berlin

Nordrhein-Westfalen

Hessen

Rheinland-Pfalz

Thüringen

Sachsen

Saarland

Baden-Württemberg

Bayern

G.F. Schmid, Kleine Deutschlandkunde

7 In bezug sowohl auf die alten als auch auf die neuen Bundesländer spricht man von einem wirtschaftlichen „Süd-Nord-Gefälle". Dies bezieht sich nur zum Teil auf die Arbeitslosenquote.
Welche weiteren Faktoren könnten hierbei eine Rolle spielen? Sehen Sie sich die Karte auf S. 25 noch einmal unter dem Gesichtspunkt der geographischen Branchenverteilung an. Diskutieren Sie Gründe für die veränderte Bedeutung der Häfen, Werften und Montangebiete.
Gibt es in Ihrer Heimat ein vergleichbares „Gefälle"?

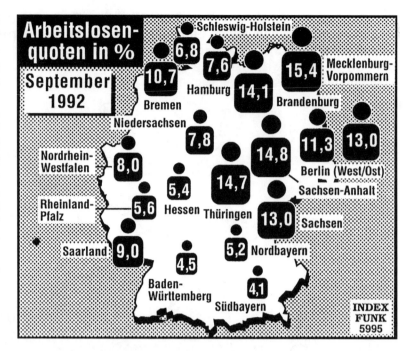

8 Vergleichen Sie die Arbeitslosenquoten der einzelnen Bundesländer in bezug auf den Bundesdurchschnitt von 9,5 %. Klären Sie die Bedeutungen der Adjektive und Adverbien und verwenden Sie die angegebenen Redemittel:

In …	liegt	die Arbeitslosenquote	kaum geringfügig ein wenig deutlich eindeutig erheblich	über/unter dem Durchschnitt.

9 Erheblich krasser als das Süd-Nord-Gefälle ist seit der deutschen Vereinigung das West-Ost-Gefälle. Prognosen gehen davon aus, daß ein wirtschaftliches Gleichgewicht zwischen den alten und den neuen Bundesländern nicht vor 2010 erreicht sein wird. Dennoch investieren viele westliche Unternehmen in den neuen Bundesländern.
Für welche Branchen könnte Ostdeutschland als *Absatzmarkt* derzeit besonders aussichtsreich sein?
Welche Vorteile könnte es als *Produktionsstandort* bieten?

Handelsblatt

Der folgende Artikel informiert über die jeweiligen Branchenaussichten in den neuen Bundesländern.
Klären Sie zunächst die Bedeutung der nebenstehenden Begriffe. Ergänzen Sie den Text beim ersten – schnellen – Lesen entsprechend.

die Industrieregion(-en)
die Stahlindustrie(-n)
der Dienstleistungssektor (Sg.)
die chemische Industrie(-n)
das Ernährungsgewerbe (Sg.)
der Fremdenverkehr (Sg.)
der Umweltschutz (Sg.)
die Werftindustrie(-n)
die Montanindustrie(-n)
der Agrarsektor (Sg.)
die Gebäudereinigung(-en)

Die Branchenstruktur im Osten Deutschlands wird sich auf Dauer nicht sehr von der in Westdeutschland unterscheiden

Was in den westdeutschen Bundesländern rentabel ist, wird sich auch in den ostdeutschen Ländern rechnen

Von MARTIN HÜFNER

Die Frage, ob in den neuen Bundesländern investiert werden soll, wird inzwischen weitgehend positiv beantwortet.

Abweichungen in der Branchenstruktur sind nur bei
5 einzelnen Regionen zu erwarten. Sachsen z.B. ist eine traditionelle _____, Schwerpunkte Brandenburgs liegen in der _____ und der Landwirtschaft, Mecklenburg-Vorpommern wird durch den _____ und eine
10 alte _____ geprägt.

Kurzfristig, d.h. während der Aufbauphase, sind die Branchenaussichten in Ost und West allerdings unterschiedlich. Entscheidender Faktor im Osten ist derzeit, daß zwischen Nachfrage und Produktion ein krasses
15 Mißverhältnis besteht.

Am stärksten profitiert von dieser Konstellation der _____ , dessen „Produkte" nicht exportiert, sondern nur durch Präsenz vor Ort erstellt werden können. Auf der Groß- und auch Einzelhandels-
20 ebene ist in den letzten Monaten durch die Etablierung großer Handelsketten in den neuen Bundesländern schon viel geschehen.

Einen Boom wird auch der übrige Dienstleistungssektor erleben. Als Beispiele seien genannt: _____
25 _____ (Abfallbeseitigung, Entsorgung gif-

tiger Stoffe, Altlastensanierung), Gesundheitswesen, _____, Architektur- und Ingenieurleistungen, Hotel und _____.

Positiv entwickelt sich auch das _____.
30 Die neuen Bundesländer können auf Dauer nicht nur von außen mit Lebensmitteln beliefert werden. Zudem finden in Ostdeutschland produzierte Erzeugnisse und dort etablierte Marken mit modernem Design inzwischen wieder zunehmend Akzeptanz.

35 Die _____ Ostdeutschlands befindet sich in einer schweren Strukturkrise. Belastend wirken u.a. die immensen Altlasten, der Exporteinbruch im ehemaligen RGW-Raum sowie die weltweiten Überkapazitäten im Grundstoff- und Kunststoffbereich.

40 Trotzdem gibt es auch hier einige Lichtblicke. Nach Angaben der Treuhandanstalt haben sich für etliche kleine und mittlere Betriebe Kaufinteressenten gefunden. Interesse besteht auch für die Herstellung von Wasch- und Reinigungsmitteln sowie Kosmetika, wie
45 das Engagement des Henkel-Konzerns zeigt.

Die _____ in den Bundesländern leidet unter der häufig veralteten Technik, mangelnder internationaler Wettbewerbsfähigkeit und Überkapazitäten. Die Rohstahlkapazitäten müssen dra-
50 stisch reduziert werden.

Handelsblatt

11 Der Text auf S. 27 informiert nicht nur über die Branchenaussichten in den neuen Bundesländern, sondern verweist auch konkret auf die Mißstände in den einzelnen Branchen vor und zu Beginn der deutschen Vereinigung.

Notieren Sie stichwortartig, um welche Mißstände es sich jeweils handelt:

a) Dienstleistungssektor

○ Groß- und Einzelhandelsnetz: _____

b) Ernährungsgewerbe

○ Akzeptanz ostdeutscher Waren unmittelbar nach der Vereinigung: _____

 Konsequenz: _____

 Situation heute: _____

c) Chemische Industrie

○ _____

○ _____

○ _____

d) Stahlindustrie

○ _____

○ _____

○ _____

12 Schreiben Sie anhand der Stichworte einen zusammenfassenden Bericht (auf deutsch oder in Ihrer Muttersprache) über die Situation der genannten Branchen in Ostdeutschland zu Beginn der neunziger Jahre.

13 Wie wurde die deutsche Vereinigung in Ihrer Heimat 1990 beurteilt? Hat es inzwischen eine Veränderung in der Beurteilung gegeben? Wenn ja, welche? Diskutieren Sie mögliche Ursachen.

Standort Ostdeutschland?

Sie hören gleich ein Telefongespräch zwischen Herrn Härtler und Frau Artmann über Investitionsmöglichkeiten in Ostdeutschland.
Klären Sie vor dem ersten Hören die Bedeutungen der nachstehenden Wendungen:

Gibt es Probleme?

_____

Sie sind vielleicht lustig!

_____

So mir nichts dir nichts.

_____

Ein handfester Grund.

_____

Sich in die Nesseln setzen.

_____

Das ist ein Rechenexempel.

_____

Etwas steht zum Verkauf.

_____

Sehen Sie sich ebenfalls vor dem ersten Hören die beiden Diagramme an und spekulieren Sie, welche Ratschläge Frau Artmann Herrn Härtler unter anderem geben wird.

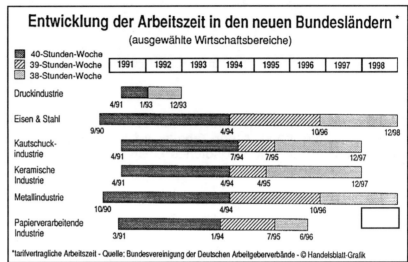

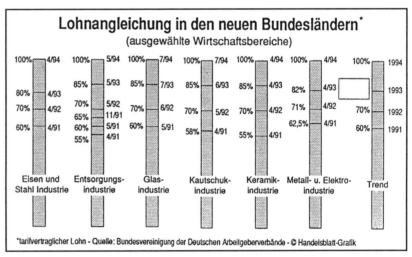

Hören Sie jetzt den Text und ergänzen Sie die fehlenden Angaben in den Übersichten.

Chemische Industrie in Ostdeutschland

	Lohnniveau in %	Prozent des 13. Monats- gehaltes	Wöchentliche Arbeitszeit
Anfang 1992			
Aktuell			

Telefonnummer des sächsischen Wirtschaftsministeriums: _____

14 Hören Sie das Gespräch jetzt ein zweites Mal. Im ersten Teil sowie gegen Ende des Gesprächs gebrauchen Herr Härtler und Frau Artmann einige Wendungen, die man nur äußert, wenn man sich bereits besser kennt. Um welche Wendungen handelt es sich? Ergänzen Sie außerdem die Finanzierungsübersicht des Eigenkapitalhilfe-Programms:

Geltungsraum	maximale Kredithöhe	
_____	1 000 000,– DM	3 Jahre
_____	350 000,– DM	2 Jahre

15 Erkundigen Sie sich telefonisch beim sächsischen Wirtschaftsministerium nach den aktuellen Daten, die Ihnen in der Tabelle auf S. 29 noch fehlen. Sehen Sie sich zuvor anhand der Darstellung an, wie ein solches Gespräch verlaufen *könnte* und probieren Sie die einzelnen Varianten aus:

Sächsisches Wirtschaftsministerium, Zentrale.
↓
Härtler hier, guten Tag. Könnten Sie so nett sein und mich mit jemandem verbinden, der mir Auskunft über die Wochenarbeitszeit in Betrieben der chemischen Industrie geben kann?
↓
Ich glaube, dafür ist Frau Susk in Dezernat 3.1 zuständig. Moment, ich verbinde.
↓

(1)
Hören Sie, da meldet sich niemand. Versuchen Sie's doch nachher nochmal.
↓
Haben Sie zufällig die Durchwahl?
↓
Ja, anstatt der 0 die 311.
↓
Danke.
↓
Wiederhören.
↓
Wiederhören.

(2)
Vorzimmer Susk, Meyer.
↓
Guten Tag, Härtler. Ich hätte gern Frau Susk gesprochen.
↓
Tut mir leid, die ist gerade in einer Besprechung. Worum geht es denn?
↓
Ich hätte gern einige aktuelle Daten zur Arbeitszeit- und Gehaltsregelung in der chemischen Industrie.
↓
Oh, da kann ich Ihnen auch nicht weiterhelfen.
↓

Wollen Sie es so gegen 14 Uhr noch einmal versuchen?

Ja, gut. Auf Wiederhören.

Wiederhören.

Könnten wir Sie heute mittag telefonisch erreichen?

Ja, ich gebe Ihnen die Nummer: 71 38 33. Danke. Auf Wiederhören.

Wiederhören.

(3)
Susk.
↓
Guten Tag, Härler. Ich hätte gern einige aktuelle Daten zur Arbeitszeit- und Gehaltsregelung in der chemischen Industrie. Können Sie mir da weiterhelfen?
↓
Ja, gerne. Was brauchen Sie denn?
↓
Erstens …

Aber es ist sehr dringend.

Moment, ich frage mal, ob Frau Susk inzwischen zurück ist.
(evtl. weiter mit (3))

Frau Nebach und Herr Härtler haben von Frau Artmann eine Liste von zum Verkauf stehenden Betrieben der Kosmetikindustrie erhalten. Am attraktivsten und geeignetsten erscheinen den beiden Kaufobjekte in Hannover und Leipzig.

Bearbeiten Sie die nachstehenden allgemeinen Informationen zu den beiden Städten in getrennten Gruppen. Ergänzen Sie die Übersicht auf S. 33, so weit es möglich ist. Berichten Sie anschließend im Plenum über die Ergebnisse Ihrer Recherche. Welche Vor- und Nachteile haben die Städte als mögliche Standorte für unser Unternehmen?

Expo 2000 bringt der Leine-Stadt neue Impulse

Von BERND von STUMPFELDT

Die jubilierende Stadt Hannover, die in den Jahren von 1980 bis 1984 ein wirtschaftliches Tal durchschritten hat, befindet sich, begünstigt von einer Vielzahl von Faktoren, in einer kräftigen Aufwärtsentwicklung, ohne
5 daß dies schon in das allgemeine Bewußtsein gedrungen ist.

Der Großraum Hannover, der etwa die doppelte Einwohnerzahl hat wie die Stadt mit ihren gut 500 000, habe 1990 mit 530 000 erstmals wieder mehr Arbeits-
10 plätze zur Verfügung gestellt als zum bisherigen historischen Gipfelpunkt im Jahr 1980, hat kürzlich ein renommierter Wirtschaftswissenschaftler festgestellt.

Der wirtschaftliche Einbruch zu Beginn der 80er Jahre habe die Region Hannover stärker getroffen als
15 die süddeutschen Ballungsgebiete, während der Aufschwung später und verhaltener einsetzte als in anderen Regionen. Immerhin wird die gegenwärtige dynamische Entwicklung durch die deutsche Vereinigung verstärkt, die Hannover in die Mitte der Bundesrepu-
20 blik rücken ließ.

Der hohe Dienstleistungsanteil von rund 70 % aller Berufstätigen im Großraum wird, wie es heißt, nur noch vom Raum Hamburg übertroffen. Freilich deutet dies nach Ansicht von Kennern auch auf Schwachstellen in
25 der Entwicklung der hannoverschen Industrie hin, die stark von der Kraftfahrzeugproduktion und ihren Zulieferern geprägt ist.

Die Weltausstellung im Jahr 2000, die erfolgreiche Akquisitionspolitik der Deutschen Messe AG, der Aus-
30 bau des Flughafens Langenhagen für Interkontinentalflüge, die Fertigstellung der Bundesbahn-Neubaustrecke Hannover-Würzburg mit der Einführung der Intercity-Expreß (ICE)-Züge, der Bau der Schnellbahnstrecke Hannover-Berlin und der Ausbau der Berliner Auto-
35 bahn, um nur einige Faktoren zu nennen, werden der Stadt nach – fast – allgemeiner Ansicht großen Auftrieb geben.

Für den Aufschwung der Stadt, die auch von den Vorbereitungen auf den künftigen EG-Binnenmarkt
40 profitiert, gibt es viele Indizien. Dazu zählen der Bauboom für Büroflächen mit gegenwärtig schätzungsweise rund 50 im Bau befindlichen objekten und einer Bruttogeschoßfläche von knapp 140 000 qm, zu denen weitere rund 300 000 qm im Planungsstadium hinzu-
45 kommen.

Handelsblatt

das wirtschaftliche Tal: wirtschaftliche Krise
jubilieren: Subst.: das Jubiläum (750jähriges
    Stadtjubiläum Hannovers)
der Einbruch(÷e): plötzliche Abwärtsbewegung
das Ballungsgebiet(-e): dichtbesiedelter Raum
schätzungsweise: ungefähr, circa
das Geschoß(-sse): die Etage

Rang in der Gesamtbeurteilung	Stadt	Diesen Rang hatte die Stadt bei der			
		Gewerbesteuer	Energiekostenbelastung	Abgabenbelastung	Gesamtwert
1	Osnabrück	4	4	1	3,4
2	Aachen	5	3	28	9
	Münster	5	17	7	9
3	Krefeld	16	2	11	10,8
4	Hamm	11	10	12	10,9
5	Dortmund	16	10	5	12
6	Augsburg	16	9	10	12,7
7	Freiburg	3	28	16	13,1
8	Ludwigshafen	7	17	23	13,2
9	Karlsruhe	2	25	26	13,7
10	Braunschweig	8	32	5	14,6
11	Gelsenkirchen	16	10	19	14,8
12	Kiel	11	21	21	16
13	Lübeck	11	22	20	16,1
14	Bonn	8	24	26	16,4
15	Essen	30	6	4	17,6
16	Mannheim	8	34	22	18,6
17	Wuppertal	16	28	15	19,4
18	Mülheim/Ruhr	30	6	14	19,6
	Stuttgart	11	39	12	19,6
19	Bielefeld	16	17	33	19,7
21	Oberhausen	30	1	23	19,9
22	Berlin	1	42	37	20,5
23	Bochum	30	14	7	20,6
	Hannover	26	10	23	20,6
24	München	38	6	2	21,2
26	Köln	38	4	7	21,6
27	Solingen	16	25	38	23,1
28	M'gladbach	26	32	3	23,2
29	Mainz	16	34	30	24,2
30	Nürnberg	29	14	29	24,5
31	Bremen	16	28	41	24,6
32	Leverkusen	16	38	30	25,4
33	Hamburg	15	36	36	25,5
34	Düsseldorf	30	17	30	26,1

Städte-Ranking (nur Westdeutschland)　　　　Impulse

Immobilienmarkt Leipzig: Boomtown an der Pleiße

Vor einem halben Jahr konnten die Leipziger „das Wort Immobilie noch nicht aussprechen", behauptet Christian Mießner. Heute beschäftigt der dem Ring Deutscher Makler (RDM) angehörende Mießner 15 Leipziger in seinem Büro und könnte noch zehn einstellen. „Der Markt ist toll, hier läuft's wahnsinnig", freut sich Mießner.

Für Nachschub an Grund und Gebäuden ist gesorgt. Bis zum Jahresende erfolgen im Auftrag der Treuhandanstalt allein in Leipzig fünf Ausschreibungen nicht mehr betriebsnotwendiger Grundstücke – von 100 000 Quadratmetern Gewerbefläche eines Chemiezulieferers zum Mindestgebot von 14 Millionen Mark bis zum Abbruchgrundstück im Zentrum der Stadt Wurzen zu 200 000 Mark. Der Nachschub ist auch nötig, denn „es wird zwar unheimlich viel angeboten", so Klaus Franken, Leipzig-Spezialist der Aengevelt Immobilien KG, die zusammen mit Mießner Immobilien die Treuhand-Objekte in einem Ausschreibungsverfahren vermarktet, „aber es kann nicht geliefert werden".

Jedenfalls jetzt noch nicht. Dabei hat Leipzig die besten Aussichten, nach Berlin der wichtigste Platz in den fünf neuen Bundesländern zu werden. Viele Investoren, denen Berlin zu teuer geworden ist, rechnen sich hier bessere Chancen aus. Mit rund 560 000 Einwohnern (720 000 in Stadt und Kreis) ist Leipzig die zweitgrößte Stadt der ehemaligen DDR und Mittelpunkt eines der größten industriellen Ballungsgebiete mit seiner immer noch bedeutenden Messe und dem nach Berlin wichtigsten Flughafen. „Die Stadt", so Uwe Wegner, Leiter der gerade eröffneten Niederlassung Leipzig der Immobilienberatung Zadelhoff Deutschland GmbH, „hat die allerbesten Aussichten."

Wirtschaftswoche

Rang	Stadt	WiWo-Gesamt-indikator
	Neue Länder: Süden vorn	
1	Leipzig	5 427
2	Jena	5 226
3	Dresden	5 141
4	Potsdam	4 893
5	Magdeburg	4 845
6	Erfurt	4 780
7	Chemnitz	4 684
8	Halle/Saale	4 653
9	Gera	4 478
10	Zwickau	4 374
11	Cottbus	4 260
12	Schwerin	4 083
13	Rostock	3 963
14	Dessau	3 873

Wirtschaftswoche

II/3 **Hohentichel...** Entwicklungsobjekt, cä. 2 km zur BAB-Auffahrt Leipzig-Nordost, ca. 3 km zur Innenstadt unmittelbar am Güterbf. Schönefeld, Gleisanschl. vorhanden, zweiseitige Straßenanbindung mit ca. 260 m Frontläng. ..., **Leipzig Nordos** **Gewerbegrundstück, ca. 62.000 m², voll erschlossen, ca.** **10.000 m² Hallenfläche** (neuwertig) sowie diverse Produktion... Lagerbauten.

der Grund (Sg.): das Grundstück(-e)
die Ausschreibung(-en): das Angebot(-e)
das Ballungsgebiet(-e): dichtbesiedelter Raum
landläufig: allgemein (im ganzen Land)
den Ausschlag geben: etw. entscheiden

Ostdeutschland: Lob für Leipzig

Der neue Hundertmarkschein, den die Deutsche Bundesbank zwei Tage vor der Einheit herausgab, zeigt auf der Rückseite ein Motiv aus Leipzig. „Kein Zufall", meint Oberbürgermeister Hinrich Lehmann-Grube. „Das wirtschaftliche Potential dieser Stadt ist eben nicht zu unterschätzen."

Bestätigt wird er durch den Städtevergleich, den die *Wirtschaftswoche* zum ersten Mal auch für 14 ostdeutsche Städte gemacht hat. Die Indikatoren waren ähnlich wie im Westen; die Daten lieferten Statistiken aus Ost und West sowie Recherchen vor Ort.

Leipzigs Sieg überrascht auf den ersten Blick – schließlich ist die Stadt landläufig eher für den Verfall ihrer Häuser und für ihre verseuchte Luft bekannt. Dem kann sie allerdings die besten Forschungsleistungen in wissenschaftlichen Instituten gegenüberstellen, eine ausgezeichnete Verkehrslage und ein besonders gutes Wirtschaftsklima.

Diese drei Kriterien, die in der Gewichtung der Einzelergebnisse eine besondere Rolle spielen, gaben den Ausschlag für Leipzig.

Was Leipzig noch fehlt, hat Jena den zweiten Rang als Unternehmensstandort eingebracht: Lebensqualität. Die Wohnungssituation mit einem nur geringen Anteil verfallener Altbauten und eine relativ gesunde Umwelt sind die Pluspunkte im Thüringischen.

Wirtschaftswoche

	Hannover	Leipzig
Einwohnerzahl:		
Art der Verkehrs- anbindungen:		
Industriezweige: (s. Karte S. 25)		
Arbeitslosenquote		
allgemeine positive Merkmale:		
negative Merkmale:		
Größe des Objekts:		
Adresse:		
Kaufpreis:		

Hannover –
Standort der größten
Industrieschau der
Welt, der Hannover
Messe Industrie

Hannover oder Leipzig?   HV 3

Sie hören jetzt ein Telefongespräch, in dem Frau Artmann detailliertere Auskünfte über die Kauf-
objekte in Hannover und Leipzig gibt.
Ergänzen Sie die Tabelle entsprechend.
Welche drei Adjektive würden Sie zur Charakterisierung der Städte *jetzt* nennen? (Vgl. S. 24!)

17 Führen Sie eine Gesellschafterversammlung durch und entscheiden Sie anhand der Informationen über die beiden möglichen Standorte, welchen der beiden Betriebe Sie kaufen wollen.

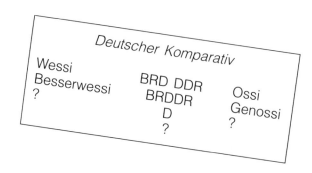

Deutscher Komparativ

Wessi
Besserwessi
?

BRD DDR
BRDDR
D
?

Ossi
Genossi
?

Unter nehmens plan spiel

Wie hoch ist Ihr Kapitalanteil an dem von Frau Nebach und Herrn Härtler geführten Unternehmen zur Zeit? Multiplizieren Sie die im Test und der Planspielaufgabe erreichten Punkte mit 1 000. Addieren Sie die Summe zu Ihrem Einlagekapital:

Kapitaleinlage:	1 000 000,– DM
Punkte aus Test 1 x 1 000:	
Punkte aus der Planspielaufgabe x 1 000:	
Summe:	

Reihe 3

Unternehmensaufbau · Finanzierung · Investition

Organigramme erläutern · Standpunkte vertreten

1 Nach der Übernahme des Chemieunternehmens in _____ erstellen Herr Härtler und Frau Nebach ein Organigramm, aus dem ersichtlich wird, wie die Organisation des Unternehmens aufgebaut ist. Bislang sind nur die einzelnen Bereiche und die Namen der Bereichsleiter/innen verzeichnet.

Welchem Unternehmensbereich müssen die unten aufgeführten Abteilungen jeweils zugeordnet werden? Ergänzen Sie die fehlenden Artikel.

Klären Sie im Gespräch, welche Aufgaben in den einzelnen Abteilungen ausgeführt werden.

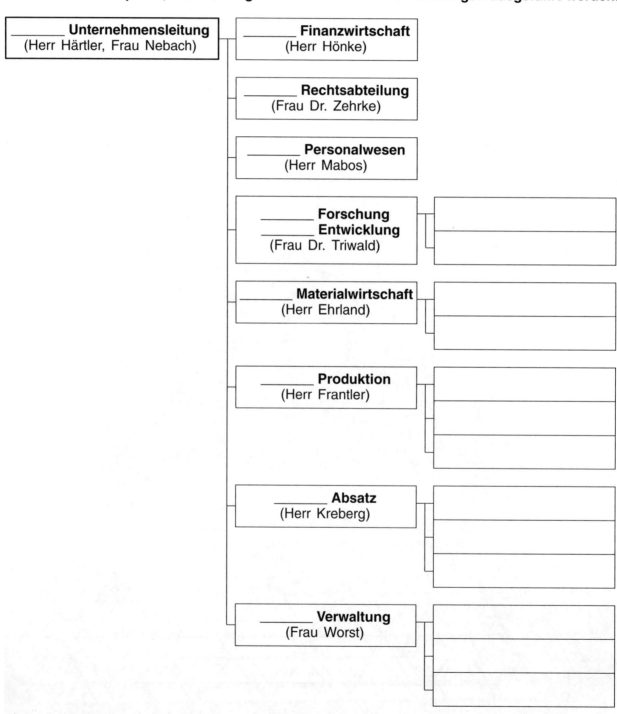

Genus bei Substantivendungen
(Ausnahmen sind möglich)

Maskulinum	Femininum	Neutrum
-ling	-eit	-ment
-mus	-schaft	-um
-ig	-ung	-chen
-ich	-ät	-lein
-ist	-ie	-tel
-ant	-ik	-ett
	-in	
	-ur	
	-ion	
	-a	
Verbnomina-lisierungen ohne Endung; -er		Verbnomina-lisierungen im Infinitiv

Entwicklungslabor(-s)

Einkauf(⸚e)

Buchhaltung(-en)

Versand (Sg.)

Testlaboratorium(-ien)

Fertigung(-en)

Qualitätskontrolle(-n)

Registratur(-en)

Marketing (Sg.)

Lager(⸚)

Technik (Sg.)

Verkauf(⸚e)

Arbeitsvorbereitung(-en)

Vergleichen Sie das Organigramm mit der Aufbauorganisation Ihres Unternehmens oder eines Unternehmens, das Sie kennen. Wo bestehen Unterschiede? **2**

Es gibt sehr viele sprachliche Möglichkeiten, um jemanden aufzumuntern, Hoffnung auszudrücken oder auf ein Kompliment zu antworten. Die Bedeutungen der Äußerungsmöglichkeiten sind allerdings auch recht unterschiedlich. **3**
Wie reagiert man in Ihrer Heimat in entsprechenden Situationen? Diskutieren Sie:

auf ein Kompliment antworten	jemanden aufmuntern	Hoffnung ausdrücken
Danke, das ist aber nett! Nun übertreiben Sie 'mal nicht! Danke für die Blumen! Na, ja …	Kopf hoch! Ach, das geht schon! Ach, kommen Sie … So schlimm ist das nun auch wieder nicht.	Ich bin da recht zuversichtllich Das wird schon klappen. Ihr Wort in Gottes Ohr! Ich sehe das sehr rosig.

HV 4 Gespräch am Getränkeautomaten

Sie hören gleich ein Gespräch zwischen Herrn Frantler und Herrn Kreberg, in dem sie sich über mögliche Veränderungen in der Personalpolitik nach der Unternehmensübernahme unterhalten. **Klären Sie zunächst die Bedeutung der nachstehenden Begriffe und Wendungen:**

ein Getränk ziehen: _____

das Organisationstalent: _____

das Vorurteil(-e): _____

der straffe Führungsstil: _____

Sehen Sie sich das nachstehende Gesprächsdiagramm an. Ergänzen Sie beim ersten Hören stichwortartig, was Herr Frantler und Herr Kreberg über ihre Kollegen sagen.
(Teilweise müssen auch Negationen ergänzt werden.)

sagt über:	Herr Frantler	Herr Kreberg
Herrn Kreberg	beunruhigt **über** (+ Akk.): <u>Entlassungen</u>	zufrieden **mit** (+ Dat.): _____
Herrn Frantler		bekannt **für** (+ Akk.): _____
Frau Triwald	angesehen **bei** (+ Dat.): _____ voreingenommen **gegenüber** (+ Dat.):	begeistert **von** (+ Dat.): _____
Herrn Mabos	stolz **auf** (+ Akk.): _____ verständnisvoll **gegenüber** (+ Dat.): ___ freundlich **zu** (+ Dat.): _____	interessiert **an** (+ Dat.): _____ frei **von** (+ Dat.): _____

4

Fassen Sie Ihre Notizen unter Verwendung folgender Redemittel zusammen:

Subjekt	glauben, denken*, meinen, vermuten, finden*,	daß	Herr Mabos zu den Kolleginnen *freundlich* ist.

5

Da Frau Nebach und Herr Härtler als Hauptgesellschafter die Geschäftsführung zusammen übernehmen möchten, ist auch hier eine klare Organisation der Aufgabenbereiche notwendig.
In welcher Form sollten die beiden zusammenarbeiten? Ordnen Sie die Verben zu und entscheiden Sie, was Ihrer Meinung nach sehr wichtig bzw. weniger wichtig ist.

Probleme gemeinsam _____

Kompetenzbereiche _____

alle Entscheidungen gemeinsam _____

gegenüber Mitarbeitern die gleiche Meinung _____

einen hauptverantwortlichen Geschäftsführer _____

über gemeinsame Besprechungen Protokolle _____

treffen* lösen
abstecken
vertreten*
anfertigen
bestimmen

6

In dem nachstehenden Text werden als Möglichkeiten der Organisation der Unternehmensleitung *die Direktionalform* und *die Kollegialform* genannt.
Was stellen Sie sich darunter vor?
Lesen Sie anschließend den Text und versuchen Sie, die unterstrichenen Begriffe aus dem Zusammenhang zu erklären.

Eine Organisation der Leitung ist immer dann notwendig, wenn das Leitungsorgan aus mehreren Personen besteht, es sich also um ein Gremium handelt. Hierbei können folgende Formen vorkommen:
Bei der *Direktionalform* kann ein Mitglied des Leitungsorgans
5 seine Meinung auch gegen den Willen aller anderen Mitglieder durchsetzen.
Bei der *Kollegialform* werden die Beschlüsse nur einheitlich gefaßt, stimmt ein Mitglied gegen den Beschluß, so gilt der Beschluß als abgelehnt. Da diese Form die Handlungsfähigkeit erheblich ein-
10 schränkt, findet man die reine Kollegialform in der Praxis nur selten. Deshalb wird diese reine Form abgewandelt, so daß bei Abstimmungen entweder eine einfache oder qualifizierte Mehrheit für die Durchsetzung von Beschlüssen ausreicht oder bei Stimmengleichheit die Stimme eines Mitgliedes entscheidet (primus inter pares = Erster
15 unter Gleichen).
G. Krüger, Grundwissen praktische Betriebswirtschaft

7

Welche Organisationsform sollten Herr Härtler und Frau Nebach Ihrer Meinung nach für die Unternehmensleitung wählen? Falls es einen *primus inter pares* gibt: wer sollte es sein? Begründen Sie Ihre Meinung und führen Sie eine Abstimmung herbei.

8 Relativsätze mit *wo(r)* + *Präp.* und *was*

Ein erstes ausführliches Gespräch führen Herr Härtler und Frau Nebach mit dem Leiter der Finanz-
abteilung, Herrn Hönke. Er erläutert den beiden, welche Unternehmensbereiche finanziell besonders stark unterstützt werden müssen.
Formulieren Sie nach folgendem Muster:

Unsere Firmenfahrzeuge sind relativ alt. **Dadurch** entstehen häufig Verzögerungen bei der Auslieferung. ⟶	Unsere Firmenfahrzeuge sind relativ alt, **wodurch** häufig Verzögerungen bei der Auslieferung entstehen.

Unsere Facharbeiter haben keine Gelegenheit zur Weiterbildung gehabt. Dadurch sind Qualifika-
tionslücken entstanden.

_____

_____

Wir hatten zu geringe Grundstoffvorräte. Das hat oft Produktionsengpässe zur Folge gehabt.

_____

Die Büroräume sind nicht modern ausgestattet. Dagegen haben die Mitarbeiter oft protestiert.

_____

Die meisten Büromaschinen sind veraltet. Darunter leiden vor allem unsere Sekretärinnen.

_____

Unsere Lagerhalle ist zu klein. Das hat schon dazu geführt, daß wir Produkte im Bürogebäude
lagern mußten.

_____

Wir haben keine Kantine. Deswegen gehen viele Mitarbeiter in die Stadt und überziehen die
Mittagspause.

_____

_____

9 Am Ende des Gesprächs faßt Herr Hönke noch einmal zusammen, was dringend verbessert werden müßte.
Ordnen Sie die Verben richtig zu:

Wir sollten ...

den Mitarbeitern Weiterbildungsmöglichkeiten _____

genügend Grundstoffvorräte _____

neue Firmenfahrzeuge _____

eine Kantine _____

die Büroräume _____

alte Büromaschinen _____

unsere Lagerhalle _____

anschaffen
anlegen
einrichten
eröffnen
ersetzen
renovieren
vergrößern

Welche der Verbesserungswünsche sind Ihrer Meinung nach am wichtigsten? Stellen Sie **10**
eine Rangfolge auf. Die Kosten spielen zunächst keine Rolle.
Begründen Sie Ihre Meinung und versuchen Sie, die anderen Teilnehmer davon zu überzeugen. Am Ende der Diskussion sollte ein gemeinsamer Beschluß bezüglich der drei vor-
dringlichsten Verbesserungsmaßnahmen gefaßt werden.

un-, in-, il-, im-, ir- oder *a-*? **11**

Bilden Sie unter Verwendung des jeweils zutreffenden Präfixes Gegensatzpaare.
Teilweise gibt es mehrere Möglichkeiten. Feste Regeln für die Verwendung der Präfixe existieren
nicht.
Können Sie dennoch Orientierungshilfen formulieren?

bekannt: _____   zufrieden: _____

kompetent: _____   legal: _____

mobil: _____   materiell: _____

real: _____   moralisch: _____

liquide: _____   typisch: _____

Achten Sie bei der Lektüre des nachstehenden Textes auf die Definitionen der Begriffe **12**
Finanzierung und *Investition*. Wie lauten die im Text genannten Synonyme? Erklären Sie die
Begriffe und deren inhaltlichen Zusammenhang mit eigenen Worten.

> Dem Begriff der Kapitalbeschaffung ist der Begriff der **Kapitalverwendung**
> gegenüberzustellen. Die Verwendung von finanziellen Mitteln zur Beschaf-
> fung von Sachvermögen, immateriellem Vermögen oder Finanzvermögen
> (Maschinen, Vorräte, Patente, Lizenzen, Wertpapiere, Beteiligungen) bezeich-
> 5 net man als **Investition**.
> Die Begriffe Finanzierung und Investition stehen in einem engen Zusam-
> menhang, denn eine Mittelverwendung hat eine Mittelbeschaffung zur Vor-
> aussetzung. Ein Investitionsplan ist ohne Bedeutung, wenn die geplante Inve-
> stition nicht finanziert werden kann. Andererseits ist die Beschaffung finan-
> 10 zieller Mittel für einen Betrieb ohne praktischen Wert, wenn er für sie keine
> ertragbringende Verwendung hat. Mittelverwendung setzt grundsätzlich Mit-
> telbeschaffung voraus; Mittelbeschaffung muß grundsätzlich Mittelverwen-
> dung zur Folge haben.
> G. Wöhe/J. Bilstein, Grundzüge der Unternehmensfinanzierung

die Finanzierung(-en): _____

_____

die Investition(-en): _____

_____

13 Die nebenstehende Übersicht informiert über Konditionen des Europäischen Wiederaufbauprogramms (ERP) für Investitionen in Ostdeutschland. Es handelt sich hierbei um einen Investitions*kredit*, der die ersten 5 Jahre zinsfrei gewährt wird.
Worin besteht der Unterschied zu einer Investitions*zulage*?
Erläutern Sie die Tabelle einem möglichen Kreditnehmer.

	ERP-Modernisierung
Antragsberechtigte Unternehmen Umsatzgrenze	50 Mill. DM
Antragstellung	über Bank
max. Kredit	1 Mill. DM
max. Finanzierungsanteil	50 Prozent
Zinssatz/Jahr (fest für die Laufzeit) Auszahlungssatz	7,5 Prozent 100 Prozent
max. Laufzeit/Freijahre	20/5 Jahre

14 **Lesen Sie das Finanzierungsbeispiel und stellen Sie einen entsprechenden Finanzierungsplan für 5 Jahre auf. Vergleichen Sie die Angaben in der obigen Tabelle. Wie sähe der Finanzierungsplan für das gleiche Unternehmen in Niedersachsen aus? (Zinssatz 10 %, 2 Freijahre, Kredit: 350 000,– DM, keine Investitionszulage).**

> ### Ein Finanzierungsbeispiel
>
> Eine Möbelfabrik in Sachsen-Anhalt produziert seit 1990 in gemieteten Räumen. Angesichts positiver Entwicklung wird die Errichtung eines Betriebes auf eigenem Gelände vorbereitet.
> Der Investitionsplan umfaßt Baukosten von 2,5 Mill. DM, Maschinen und
> 5 Einrichtungen von 1,2 Mill. DM und Fahrzeuge von 300 000 DM. Aus dem ERP-Modernisierungsprogramm erhält das Unternehmen den Höchstbetrag von 1 Mill. DM.
> In die Finanzierungsplanung wird die Investitionszulage – 12 % auf neue Ausrüstungen – von 144 000 DM einbezogen.
> Handelsblatt

	Sachsen-Anhalt		Niedersachsen	
* _____		DM		DM
* _____	+	DM	+	DM
* _____	+	DM	+	DM
* Zinsen:	+	DM	+	DM
Zwischensumme:	=	DM	=	DM
ERP-Kredit:	–	DM	–	DM
_____	–	DM	–	DM
Eigenkapitalanteil:	**=**	**DM**	**=**	**DM**

Man unterscheidet die in der Übersicht aufgeführten Arten von Investitionen. **15**
**Was ist darunter jeweils konkret zu verstehen? Ordnen Sie die genannten Investitionsge-
genstände den drei oberen Gruppen zu. Zu welchen (Teil-)Bereichen gehören die von Herrn
Hönke genannten Investitionsvorhaben? (vgl. Ü. 9)**

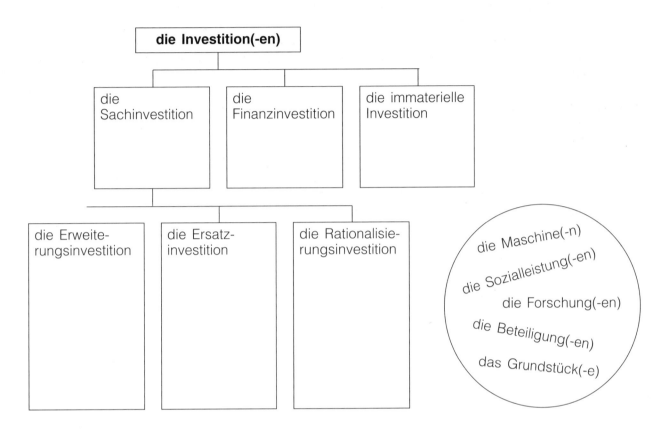

Wie heißen die Präpositionen? Ergänzen Sie: **16**

es geht _____ (Akk.)
es handelt sich _____ (Akk.)
etwas ist bedingt _____ (Akk.)
etwas ist anzutreffen _____ (Dat.)
sich beschäftigen _____ (Dat.)

17 **Ergänzen Sie:**

Sachinvestitionen: Bei den Sachinvestitionen handelt es sich um Grundstücke, Maschinen und maschinelle Anlagen, Vorräte und Fremdleistungen. Insbesondere b_____ den Masc_____ und maschin_____ Anlagen ka_____ es si_____ um Erweit_____-, Ersatz- od_____ Rationalisierungsinvestitionen han_____. In d_____ Praxis wi_____ diese str_____ Trennung jed_____ nicht im_____ festst_____ sein, di_____ drei Investitionsanlä_____ sind vielf_____ miteinander komb_____. Beispielsweise wird eine Ersatzinvestition regelmäßig auch Rationalisierungseffekte beinhalten.

Finanzinvestitionen: Bei den Finanzinvestitionen geht es vor allem um Beteiligungen an anderen Unternehmen. Diese A_____ der Inves_____ ist, zumindest derz_____ noch, haupts_____ bei Großuntern_____ anzutreffen. Kl_____- und Mitteluntern_____ kommen jed_____ nicht umh_____, sich ebenf_____ intensiv hierm_____ zu beschä_____. Bedingt du_____ die stä_____ steigende Konzen_____ und Internatio_____ ist d_____ Überlebensfähi_____ der Kl_____- und Mittelunternehmen gefährdet. Durch den Zusammenschluß mehrerer Klein- und Mittelunternehmen können auch zukünftig die Marktchancen erhalten bleiben.

Immaterielle Investitionen: Eine für die Zukunft immer wichtiger werdende, und gerade in kleineren Unternehmen kaum beachtete, Investition ist immaterieller Art. Forschung u_____ Entwicklung si_____ insbes_____ bei Produktionsuntern_____ unerläßlich, Wer_____ und Marke_____ sind f_____ den Absatz unverzic_____, Aus- u_____ Weiterbil_____ sowie ausrei_____ Sozialleistungen sichern auch zukünftig die Qualität der Produkte und Dienstleistungen eines Unternehmens.

G. Krüger, Grundwissen praktische Betriebswirtschaft

Unter nehmens plan spiel

Errechnen Sie den aktuellen Stand ihres Vermögensanteils. Sofern Sie in Reihe 2 – unabhängig von der endgültigen Entscheidung – für den Standort Hannover gestimmt haben, ziehen Sie bitte von Ihrem Guthaben 40 000,– DM ab. Wegen der Zinsvorteile hätten Sie diese Summe bei einer Investition in Leipzig gespart.

Übertrag aus Reihe 2:	DM
Punkte aus Text 2 x 1000:	DM
Punkte aus der Planspielaufgabe x 1000	DM
ggf. Abzug für Zinsverlust:	DM
Summe:	**DM**

Was ist mit den folgenden Wendungen gemeint? Formulieren Sie synonyme Beispiele. **18**

etwas unter Dach und Fach bringen: _____

eine Summe pro anno veranschlagen: _____

etwas aus einem Topf finanzieren: _____

etwas unter den Tisch fallen lassen: _____

unter dem Strich steht eine bestimmte Summe: _____

Investitionen **HV 5**

Sie hören jetzt den Abschluß eines Gespräches zwischen Herrn Hönke, Frau Nebach und Herrn Härtler über die Realisierung der einzelnen Investitionsvorhaben.
Notieren Sie während des zweiten Hörens die einzelnen Vorhaben und die jeweils veranschlagten Kosten:

	Betrag:		Betrag:
Vorhandene Investitionsmittel: Immaterielle Investitionen: * * Finanzinvestitionen: Sachinvestitionen: * * * Summe:		Übertrag: Weitere Investitionsvorhaben: * * *	

Welche beiden Investitionsvorhaben würden Sie realisieren? Überlegen Sie sich Argumente und führen Sie in Ihrer Arbeitsgruppe eine Diskussion. Nach maximal 15 Minuten Diskussionszeit sollte eine Entscheidung gefallen sein. Sie verfügen pro 10 000,– DM Vermögensanteil über eine Stimme! **19**

Reihe 4

Marketing: Marktforschung

Fragestrategien anwenden · Interviews führen

1 Wie wir erfahren haben, möchten Herr Härtler und Frau Nebach unter anderem eine „Überraschungsseife" für Kinder produzieren, die eine kleine Kapsel mit Spielzeug enthält. Unklar ist jedoch noch, wie „der Markt" auf dieses Produkt reagieren wird.
Was verstehen Sie unter dem Begriff „Markt"? Überlegen Sie in kleinen Gruppen Definitionsvorschläge.

2 In der Übersicht sind einige Teilmärkte aufgeführt.
Welchen der genannten Marktsektoren lassen sie sich zuordnen?
Mit welchen Teilmärkten ist unser Kosmetikunternehmen direkt, mit welchen indirekt verbunden?

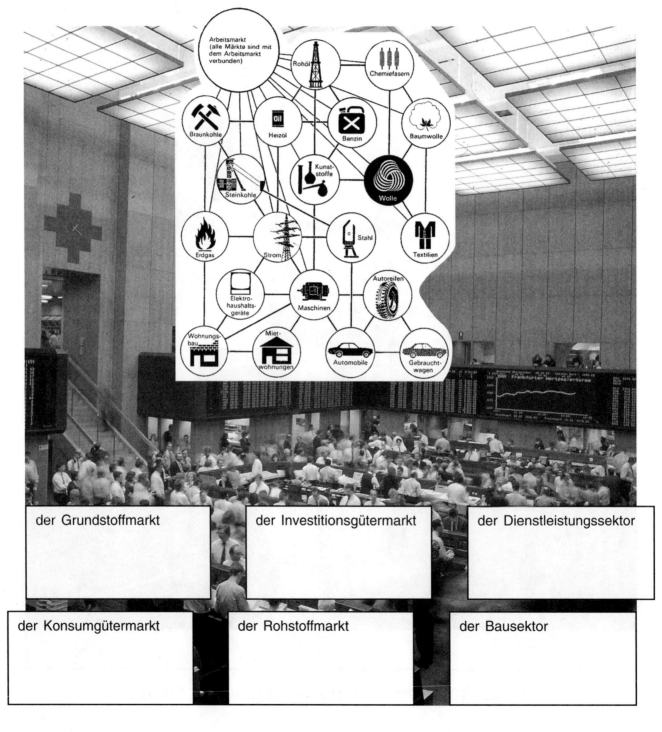

| der Grundstoffmarkt | der Investitionsgütermarkt | der Dienstleistungssektor |

| der Konsumgütermarkt | der Rohstoffmarkt | der Bausektor |

Auch der kleinste Teilmarkt funktioniert nur dann, wenn auf der einen Seite ein *Angebot* und auf der anderen Seite eine *Nachfrage* besteht. Wenn eines von beiden überwiegt, spricht man von „Angebots-" bzw. „Nachfrageüberhang". **3**

Was ist mit einem solchen „Überhang" gemeint? Welche Konsequenzen sind damit jeweils verbunden?

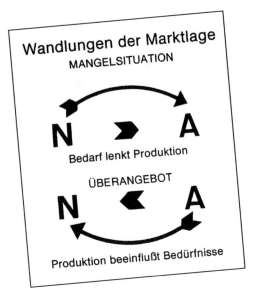

der Markt(⁻e)

Ergänzen Sie Artikel (vgl. S. 37). **4**
Klären Sie die Bedeutung der Begriffe und entscheiden Sie, ob sie der Angebotsseite (a), der Nachfrageseite (n) oder beiden (a/n) zugeordnet werden müssen:

_____ Markt*forschung(-en)*: _____ (   )

_____ Markt*nische(-n)*: _____ (   )

_____ Markt*führer(-)*: _____ (   )

_____ Markt*position(-en)*: _____ (   )

_____ Markt*segment(-e)*: _____ (   )

_____ Markt*transparenz (Sg.)*: _____ (   )

_____ Markt*information(-en)*: _____ (   )

_____ Markt*struktur(-en)*: _____ (   )

_____ Markt*geschehen (Sg.)*: _____ (   )

_____ Markt*wirtschaft (Sg.)*: _____ (   )

5 Herr Kreberg, Leiter des Absatzbereiches, erläutert Herrn Härtler in einem Gespräch, welche Marktuntersuchungen im Hinblick auf die geplante Produktion der Überraschungsseife durchgeführt werden müssen.

Lesen Sie den Gesprächsauszug und ergänzen Sie die jeweils zutreffenden Begriffe aus Übung 4. Orientieren Sie sich dabei insbesondere an den verwendeten Verben:

Härtler: Was meinen Sie, Herr Kreberg; sollen wir die Unternehmensberatung von Frau Artmann beauftragen, eine Marktanalyse zu übernehmen?

Kreberg: Nun, ich denke, das wäre nicht schlecht. Im Laufe meiner Tätigkeit in der Kosmetikbranche habe ich zwar sehr viele _____ sammeln können, aber ich möchte nicht behaupten, daß mir das _____ vollkommen transparent ist.

Härtler: Wie würden Sie denn aus Ihrer Erfahrung heraus die Einführung der Überraschungsseife beurteilen? Glauben Sie, daß wir unsere _____ damit ausbauen oder sogar _____ werden können?

Kreberg: Wir haben mit der Überraschungsseife zweifellos eine _____ entdeckt. Wichtig ist es sicherlich, zunächst einmal die _____ (Pl.) auf der Käuferseite näher zu bestimmen. Wenn wir nicht nur Kinder ansprechen könnten, wäre das bestimmt von Vorteil. Ob wir tatsächlich Erfolg haben werden, läßt sich mit den Mitteln der _____ nur schwer voraussagen. Dazu sind die Entwicklungen in der freien _____ zu unwägbar.

Härtler: Das heißt, da spielen die anderen Marketingbereiche wie Öffentlichkeitsarbeit und Produktwerbung noch eine wichtige Rolle?

Kreberg: Nicht nur. Von entscheidender Bedeutung sind sicherlich auch Bereiche wie die Produktgestaltung, die Verkaufsförderung und – das gilt dann allerdings eher für andere Branchen – der Kundendienst.

6 In dem Gespräch werden unter anderem auch die Aufgabengebiete genannt, die dem Bereich „Marketing" zugeordnet werden können.

Notieren Sie diese Aufgabengebiete und überlegen Sie, welche konkreten Tätigkeiten damit jeweils in bezug auf unsere Unternehmen und das geplante Produkt verbunden sein könnten.

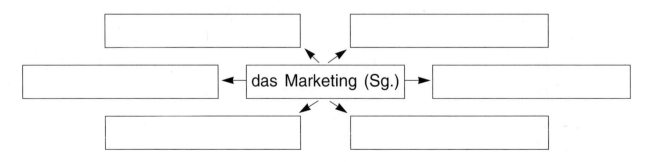

Kennen Sie Marketing-Konzeptionen von Unternehmen Ihres Heimatlandes? Gibt es in den **7** einzelnen Bereichen Unterschiede zum Marketing vergleichbarer deutscher Unternehmen? Verwenden Sie bei Ihrem Bericht die folgenden Redemittel:

	Vergleich Unterschied Gegensatz Verhältnis	zu	+ *Dativ-ergänzung*	*Verb*	*Ergänzungen*
Im					
	Verglichen	mit			
	Bezogen	auf	+ *Akkusativ-ergänzung*		

Beispiel: Im Unterschied zu Deutschland ist die Werbung bei uns ...

Adjektive, die von einem Verb abgeleitet und mit den Endsilben *-bar* oder *-lich* versehen sind, **8** haben fast ausnahmelos passivische Bedeutung. Sie können durch die Konstruktion *Verb (Passiv) + können* aufgelöst werden:

Die Aufgabe ist **lösbar**. Die Aufgabe **kann gelöst werden**.

Formulieren Sie die nachstehenden Stellungnahmen von Herrn Kreberg entsprechend um:

a) *Ein Produkterfolg ist in der freien Marktwirtschaft nicht bis ins letzte Detail planbar.*

b) *Die Namen unserer bisherigen Produkte waren zum Teil unaussprechbar.*

c) *Wenn für ein Produkt nicht richtig geworben wird, ist es nur schwer verkäuflich.*

d) *Es wäre unverzeihlich, wenn wir diese Marktnische nicht ausnutzen würden.*

e) *Eine Marktanalyse wäre auch seitens unserer Marketingabteilung durchführbar.*

f) *Unsere sehr junge Adressatengruppe ist im Rahmen einer Befragung, bei der es etwas zu gewinnen gibt, sicherlich leichter ansprechbar.*

9 *-los* oder *-frei*?

Während die Adjektiven-dung *-frei* durchgängig positive Eigenschaften bezeichnet, werden mit dem Suffix *-los* sehr häu-fig negative Eigenschaften ausgedrückt (Ausnahmen z.B.: tadellos, konkurrenz-los, kostenlos).
Wie muß die Endung lau-ten? Wo sind beide For-men möglich?

**Die fettfreien Sonnen-Gels von Ambre Solaire.
Feuchtigkeit ohne Fett.**

Schnell schmerzfrei

Vivimed® gegen Kopfschmerzen

DIEDENHOFENS Zuckerfreie

Diedenhofen's Zuckerfreie
leckere Gummidrops in der praktischen 100 g Frische-Box
• zahnschonend
• kalorienvermindert
• köstlich im Geschmack
• 8 verschiedene Sorten
in Apotheken, Drogerien und Drogerie-Fachabteilungen
Diedenhofen's Zuckerfreie

ISSUMER ALT
Das 1. alkoholfreie Alt.
Privatbrauerei Diebels

Bleifrei ist jetzt stark im Kommen

LINIQUE

allergiegetestet
100% parfumfrei

staub_____	zoll_____	aussichts_____
arbeits_____	alkali_____	charakter_____
erfolg_____	einwand_____	geschmack_____

10

Um die möglichen Marktchancen eines Produktes analysieren zu können, müssen unter anderem zunächst seine wichtigsten Eigenschaften festgelegt werden.
Diskutieren Sie in kleinen Gruppen, welche der genannten Markmale auf die Überra-schungsseife unseres Unternehmens zutreffen sollen:

die Farbe(-en)
gelblich   orange
braun
rosa

der Preis(-e)
gehoben
niedrig   mittel

Die Seife, die nicht aus Seife ist.

für empfindliche Haut
Dieses milde Seifenstück schäumt angenehm und reinigt ohne alkalische Seifengrundstoffe. So hilft es der Haut, den biologischen Schutz-mantel schneller zu regenerieren.

die Qualität(-en)
cremig   alkalifrei
schäumend
hautschonend

die Form(-en)
oval   rund
quadratisch
rechteckig

die Duftnote(-en)
herb   frisch
fruchtig
schokoladenartig

Vervollständigen Sie die Gesprächsnotiz entsprechend den Ergebnissen Ihrer Gruppendiskussion in Übung 10. Ergänzen Sie außerdem die fehlenden Adjektivendungen (eine kleine Hilfe bietet die untenstehende Übersicht): **11**

Notiz zum Gespräch zwischen _____

_____ am _____

Gegenstand des Gesprächs war die Erörterung wichtig_____ Produkteigenschaften (f) der geplant_____ Überraschungsseife (f).

5 Es wurde beschlossen, für die Seife eine _____ Form (f) zu wählen. Bezüglich der Farbgestaltung wurde einem _____ Farbton (m) der Vorzug gegeben. Da die Qualität der Seife für viele unserer potentiell_____ Kunden (m) eine bedeutend_____ Rolle (f) spielen wird, sollte sie unbedingt

10 _____ sein. Hinsichtlich der Duftnote bestand allgemein_____ Übereinstimmung (f), einen _____ Geruchsstoff (m) zu verwenden. Bei der Preisgestaltung sollte eine _____ Preislage (f) als Orientierungsmaßstab gewählt werden.

Adjektivdeklination

		bestimmter Artikel			unbestimmter Artikel			Nullartikel		
		mask.	fem.	neutr.	mask.	fem.	neutr.	mask.	fem.	neutr.
Sg.	Nom.	-e	-e	-e	-er	-e	-es	-er	-e	-es
	Gen.	-en	-en	-en	-en	-en	-en	-en	-er	-en
	Dat.	-en	-en	-en	-en	-en	-en	-em	-er	-em
	Akk.	-en	-e	-e	-en	-e	-es	-en	-e	-es
Pl.	Nom.	In allen Fällen -en						-e	-e	-e
	Gen.							-er	-er	-er
	Dat.							-en	-en	-en
	Akk.							-e	-e	-e
		einschließlich Adjektive nach: *derjenige, derselbe, dieser, jener, jeder, mancher,* sowie **nur im Plural nach:** *alle, solche, kein, mein, dein, sein, ihr, unser, euer*			einschließlich Adjektive nach: *kein, mein, dein, sein, ihr, unser, euer* **(nur im Singular!)**			einschließlich Adjektive nach: *deren, dessen, einige, viele, wenige, mehrere, etliche*		

Begründen Sie die Wahl Ihrer Entscheidungen im Plenum und versuchen Sie, für Ihren Vorschlag eine Mehrheit zu gewinnen? **12**

13 **Ordnen Sie die Verben passend zu:**

jmdn. mit Informationen _____

eine Information _____

(die) Daten _____

die Erhebung(-en) _____

sich bestimmter Methoden _____

bedienen

durchführen

erheben*   versorgen

beschaffen

14 **Ergänzen Sie beim ersten Lesen des nachstehenden Textes die fehlenden Endungen:**

Aufgabenbereiche der Marktforschung

Die Marktforschung versorgt die Unternehmen im Rahmen der quantitativ-
_____ Marktforschung mit möglichst genau_____ , zahlenmäßig meß-
bar_____ Informationen über bestehend_____ Märkte. Mit Hilfe der qua-
litativ_____ Marktforschung ermittelt sie die wichtig_____ (Superlativ)
5 Ursachen und Motive für bestimmt_____ Verhaltensweisen der Verbraucher.
Quantitativ_____ Marktforschung besteht aus dem Bereich der Primär- und
dem der Sekundärforschung. Unter Sekundärforschung versteht man die
Beschaffung umfangreicher_____ (Komparativ) Informationen aus bereits
vorhanden_____ Unterlagen (f), die entweder aus dem auftraggebend-
10 _____ Unternehmen selbst oder aus jährlich_____ Statistiken von Landes-
und Bundesämtern stammen.
Die Primärforschung liefert durch Befragung und Beobachtung neu_____ ,
bislang unbekannt_____ Informationen über konkurrierend_____ Hersteller, Händler oder künftig_____ Konsumenten. Eine Befragung kann ent-
15 weder als Vollerhebung oder als Teilerhebung bzw. Stichprobe durchgeführt werden. Beobachtungen finden entweder – als Feldforschung – im
tatsächlich_____ Umfeld (n) z.B. des Verkaufsgeschehens oder – als künst-
lich_____ Test (m) – im Labor statt.

H. Grünwald, Marketing

---

15 In dem obenstehenden Text werden mehrere Begriffspaare verwendet.
Ergänzen Sie die Liste entsprechend und erklären Sie die Bedeutung der gefundenen Begriffe mit eigenen Worten:

die Qualität(-en): _____

primär: _____

die Befragung(-en): _____

die Stichprobe(-en): _____

die Laborforschung(-en): _____

innerbetrieblich: _____

Vervollständigen Sie das Diagramm. Beschreiben und erläutern Sie es mit den angeführten Redemitteln: **16**

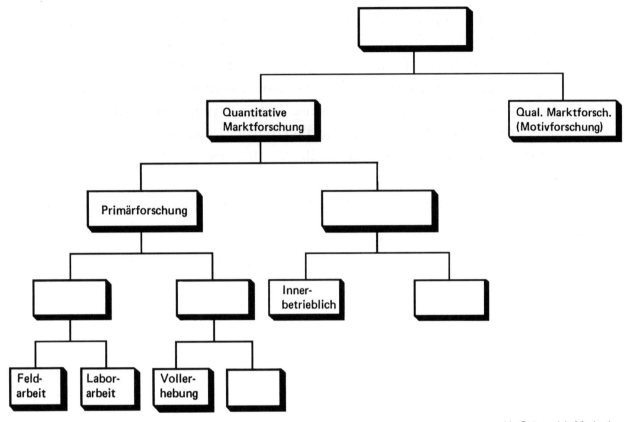

H. Grünwald, Marketing

		läßt sich gliedern läßt sich unterteilen ist unterteilt	in	*Akkusativ- ergänzung*
	Nominativ- ergänzung	besteht setzt sich zusammen	aus	*Dativ- ergänzung*
Zu	*Dativ- ergänzung*	gehören zählen		*Nominativ- ergänzung*

Unter	*Dativ-*	versteht man	*Akkusativ-*
Mit	*Ergänzung*	bezeichnet man	*ergänzung*

17 **Markieren Sie die Wortanfänge und alle Buchstaben, die groß geschrieben werden müssen. Wo fehlen die Satzzeichen?**

diedurchführungeinervollerhebungistrelativteuerunddarumhaben
sichherrhärtlerundfrauebachzueinerstichprobenerhebungentschlossen
herrhärtlerhatfrauartmannangerufenundsieumdieübernahmedes
auftragsgebetenfrauartmannhatsofortzugesagtundeinenterminzur
besprechungdesgenauenvorgehensunddeszeitplansvereinbartherr
krebergdermarketingmanagerundherrhärtlerwerdendarumnächste
wochenachkielfahrenundallesweiteremitfrauartmannbesprechen

Leiten Sie aus Ihrer Zeichensetzung in dem Text Regeln ab, wann vor „und" ein Komma steht und wann nicht:

Es steht ein Komma, wenn
a) _____
_____
_____
b) _____
_____
_____

Es steht *kein* Komma, wenn
a) _____
_____
_____
b) _____
_____
_____

18 **Höflichkeit oder Bescheidenheit?**

Wie man sich als Gastgeber bzw. als Gast im geschäftlichen Bereich verhält, ist kulturell durchaus unterschiedlich.
Wie würden Deutsche in den nachfolgenden Situationen Ihrer Meinung nach reagieren? Was würden Sie sagen? Wie würden entsprechende Situationen in Ihrer Kultur verlaufen?

Gastgeber   Gast

Möchten Sie Kaffee oder lieber etwas Kaltes?

_____ a) Ein Kaffee wäre schön.
_____ b) Also, wenn gerade Kaffee fertig ist …
_____ c) Och, daß muß nicht sein.
_____ d) Nein danke, machen Sie sich keine
                                      Umstände.
_____ e) Danke, ich habe gerade etwas getrunken.

Oh, jetzt habe ich den Zucker vergessen. a) _____
Moment, ich hole ihn eben.   b) _____

19 **Spielen Sie die Situation – auch in fiktiven kulturellen Rollen!**

Befragungsformen in der Marktforschung

Bei ihrem Besuch in Kiel bekommen Herr Härtler und Herr Kreberg von Frau Artmann genauere Informationen über die verschiedenen Möglichkeiten der Markt-Befragung.
Notieren Sie beim zweiten Hören, um welche Befragungsformen es sich handelt und welche Vor- und Nachteile Frau Artmann jeweils nennt. Entscheiden Sie sich für eine der Befragungsformen.

Befragungsform	Vorteile	Nachteile

20 Berichten Sie entsprechend nachstehender Beispielformulierung über das Ergebnis Ihrer Notizen. Anstatt *„bestehen"* können Sie auch *„liegen"*, *„sich dokumentieren"*, *„sich zeigen"* verwenden:

> Der Vorteil der schriftlichen Befragung *besteht in* den geringen Kosten.
> Der Vorteil der schriftlichen Befragung *besteht darin, daß* die Kosten gering sind.

21 Gemeinsam mit Frau Artmann haben sich Herr Härtler und Herr Kreberg darauf geeinigt, stichprobenartig drei unterschiedliche Gruppen zu befragen: a) Kinder, b) jüngere Mütter, c) Einzelhändler.
Bei den Fragen soll es um die Erkundung folgender Sachverhalte gehen:

○ Seifenverbrauch pro Monat in einem Durchschnittshaushalt
○ Markentreue beim Kauf von Kosmetikartikeln
○ Preisniveau der meistverkauften Seifen
○ Beurteilung der Idee einer Überraschungsseife
○ Merkmale einer Seife, die Kinder anspricht
○ Merkmale einer Verpackung, die Kinder mögen
○ Bevorzugte Duftnoten bei Kinderseifen
○ Beliebtes Kinderspielzeug
○ Käuferschichten ähnlicher Produkte (Überraschungsschokolade)
○ Bevorzugte Seifenfarben

Formulieren Sie entsprechende Fragen. Welcher Gruppe würden Sie welche Fragen stellen? Ordnen Sie zu:

Einzelhändler:
_____
_____
_____
_____

Mütter:
_____
_____
_____
_____

Kinder:
_____
_____
_____
_____

Vielleicht haben Sie bei der Diskussion Ihrer Arbeitsergebnisse bemerkt, daß es verschiedene Fragetypen gibt:

direkte Frage:	Verbrauchen Sie monatlich mehr als ein Stück Seife?
Alternativfrage:	Verbrauchen Sie monatlich ein oder mehrere Stück Seife?
indirekte Frage:	Wie hoch ist bei Ihnen der monatliche Seifenverbrauch?

Welche Antworten wird man bei den jeweiligen Fragen bekommen? Welchen Fragetyp würden Sie bevorzugen, wenn Sie z.B. von einem Kunden Genaueres über seine Kaufvorstellung wissen möchten?

Unternehmens plan spiel

Errechnen Sie den aktuellen Stand ihres Vermögensanteils. Da die Interviews von der Kieler Unternehmensberatung durchgeführt werden, sind – wie wir gesehen haben – auch mehrere Reisen unserer Geschäftsführer nach Kiel notwendig. Die Reisekosten sind davon abhängig, wie weit das Unternehmen von Kiel entfernt ist. Je nachdem, für welchen Unternehmensstandort Sie sich persönlich ausgesprochen haben, ziehen Sie bitte folgenden Betrag ab:

    2 000,– DM für Leipzig
    1 000,– DM für Hannover

Übertrag aus Reihe 3:	DM
Abzug:	DM
Punkte aus Test 3 x 1000:	DM
Punkte aus der Planspielaufgabe x 1000:	DM
Summe:	**DM**

HV 7 Eine Umfrage

Die Interviews, die von der Kieler Unternehmensberatung durchgeführt wurden, sind zum Teil auf Tonband aufgenommen worden. Sie hören gleich einige der Antworten, die bei diesen Interviews gegeben worden sind.

Lesen Sie in der nachstehenden Übersicht zunächst die Fragen, auf die sich die Antworten beziehen.

Achten Sie beim ersten Hören darauf, zu welcher Frage die jeweiligen Antworten gehören und von wem sie gegeben werden. Beim zweiten Hören notieren Sie bitte in dem jeweils zutreffenden Feld entsprechende Stichworte:

	der Verkäufer	die Mutter	das Kind
Wie beurteilen Sie / beurteilst du die Idee einer Überraschungs- seife?			
Welche Eigenschaf- ten sollte eine Seife für Kinder haben?			
Wie groß ist die Markentreue beim Seifenkauf?			
Welches Spielzeug wäre als Inhalt der Überraschungs- seife besonders geeignet?			

Reihe 5

Bürokommunikation · Bürotechnik

Bestellungen und Angebote formulieren

1 Frau Nebach hat die Sekretärin, Frau Biebrecht, gebeten, einige Büroartikel nachzubestellen. **Wie heißen die Gegenstände? Vervollständigen Sie die Wörter und ergänzen Sie den jeweils zutreffenden Artikel:**

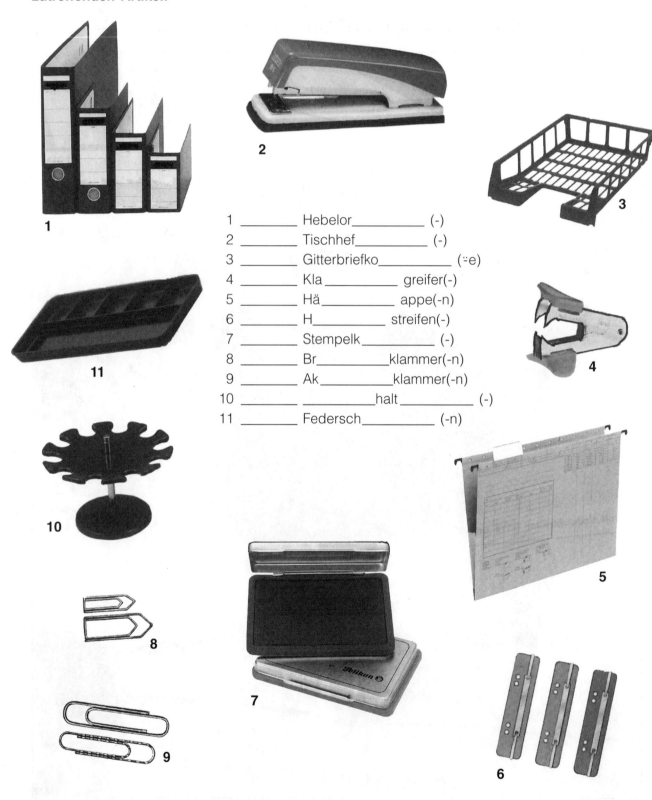

1 _____ Hebelor_____ (-)

2 _____ Tischhef_____ (-)

3 _____ Gitterbriefko_____ (¨e)

4 _____ Kla_____ greifer(-)

5 _____ Hä_____ appe(-n)

6 _____ H_____ streifen(-)

7 _____ Stempelk_____ (-)

8 _____ Br_____klammer(-n)

9 _____ Ak_____klammer(-n)

10 _____ _____halt_____ (-)

11 _____ Federsch_____ (-n)

Frau Biebrecht erinnert sich an ein Gespräch mit dem Verkaufsrepräsentanten eines preiswerten **2** Büroartikel-Anbieters. Sie möchte zunächst einen Warenkatalog anfordern und richtet daher eine Anfrage an das Unternehmen.
Eine Anfrage kann inhaltlich in folgende Punkte gegliedert werden:

Die Anknüpfung:

Der Anfragegrund:

Der Anfragezweck:

Bilden Sie aus dem nachstehenden Wortmaterial vollständige Sätze und notieren Sie diese unter den zutreffenden Gliederungspunkten:

a) Bitte / Sie / uns / Ihre Lieferungs- und Zahlungsbedingungen / mitteilen.

b) Bitte / Sie / uns / Ihren neuen Katalog / zusenden.

c) Bitte / Sie / uns / über Ihre Produktpalette / informieren.

d) Durch einen Besuch Ihres Verkaufsrepräsentanten / wir / auf Ihr Unternehmen / aufmerksam werden.

e) Unser Unternehmen / in letzter Zeit / erweitert werden.

f) Wir / schon häufiger / von Ihnen / beliefert werden.

3 Übernehmen Sie die Aufgabe von Frau Biebrecht und formulieren Sie einen formal korrekten Brief, in dem Sie um die Zusendung des aktuellen Katalogs bitten. Denken Sie an die Anschrift unseres Unternehmens. Wie finden Sie die Postleitzahl?

FEDRA KG.
Rudolf Bauer & Co (GmbH & Co)
Oststr. 62
22844 Norderstedt
Tel. 0 40/52 60 92-1

Hubert Pinter
Verkaufsrepräsentant

Zeichen- und Bürobedarf
Lichtpauspapiere

Privat:
Christophorusweg 3
44312 Ratingen
Tel.: 02 12-1 94 37

Streß im Sekretariat

Sie hören gleich den Ausschnitt eines Gesprächs zwischen Herrn Härtler und Frau Biebrecht. Frau Biebrecht hat in einer halben Stunde Feierabend. Da sie noch sehr viel zu tun hat, lehnt Sie eine Bitte Herrn Härtlers, noch etwas zu erledigen, ab.
Überlegen Sie vor dem ersten Hören, wie diese Szene verlaufen könnte. Probieren Sie es selbst aus!
Ergänzen Sie bitte beim ersten Hören in der nachstehenden Liste die fehlenden Verben:

einen Stapel Korrespondenz _____

einen Flug _____

eine Bestellung _____

Rechnungen _____

Telefongespräche _____

Überweisungen _____

Prospektmaterial _____

Berichten Sie anhand Ihrer Notizen, was Frau Biebrecht noch alles tun muß. Verwenden Sie entsprechend dem nachstehenden Beispiel Passivformulierungen. Wenn Sie möchten, können Sie das Mittelfeld (Position III) zusätzlich selbständig ergänzen: **4**

I	II	III	IV
Anfragen von Kunden	müssen	noch schnell	beantwortet werden.

Häufig wird in Passivsätzen ein unpersönliches *es* an die Position I gestellt.
Das Subjekt des Passivsatzes rückt dann an die Position III:

I	II	III	IV
Es	müssen	Anfragen von Kunden	beantwortet werden.

Wenn ein anderes Satzglied an die Stelle des *es* tritt, ist dies stilistisch allerdings meist besser. Notwendig ist die Verwendung des unpersönlichen *es* nur dann, wenn der Passivsatz kein persönliches Subjekt enthält und wenn kein anderes Satzglied an die erste Stelle treten kann:

Aktiv: Man arbeitet wieder.
Passiv: Es wird wieder gearbeitet.

5 Vermutung über ein vergangenes Ereignis (Passiv)

Frau Biebrecht hat einige Tage Urlaub genommen, so daß Herr Härtler und Frau Nebach nur vermuten können, ob bestimmte Aufgaben bereits erledigt worden sind oder nicht. Zum Ausdruck dieser Vermutungen gibt es zwei Formulierungsmöglichkeiten:

a) Modalverb (Konjunktiv II) + Partizip II (+ worden) + sein
b) sein (Präsens/Präteritum) + Adverb (Vermutung) + Partizip II (+ worden)

	I	II	III	IV
a)	der Auftrag	**müßte**		erledigt (worden) sein.
b)	Der Auftrag	**ist**	**wahrscheinlich**	erledigt (worden).

Herr Härtler und Frau Nebach haben beide Formulierungsmöglichkeiten gewählt.
Rekonstruieren Sie ihre Aussagen mit Hilfe des aufgeführten Wortmaterials.
Welche weiteren Adverbien können verwendet werden, um eine Vermutung auszudrücken?

das Paket an Herrn Müller   der Katalog(-e)
das Hotelzimmer in Kiel
der Termin mit Frau Artmann
die Telefonrechnung(-en)
die Vorkehrungen für das Betriebsfest

absagen
aufgeben*
bestellen
bezahlen
buchen
treffen*

Unpersönlicher Vorwurf wegen einer in der Vergangenheit versäumten Handlung (Passiv)

6

Herr Härtler und Frau Nebach stellen fest, daß Frau Biebrecht einige der Aufgaben nicht erledigt hat. Damit der Vorwurf nicht zu persönlich – und damit härter – klingt, verwenden sie keine aktivischen Formulierungen (*Sie hätten den Auftrag erledigen müssen*), sondern passivische in der Form:

haben (Konjunktiv II) + Partizip II + werden + Modalverb (Infinitiv)

I	II	III	IV
Der Auftrag	hätte		erledigt werden müssen.

Wie müssen die Formulierungen im einzelnen lauten, wenn Sie das Wortmaterial aus Übung 5 verwenden?

_____

_____

_____

_____

_____

_____

_____

_____

_____

Grenzen Sie die Begriffe mittels einer kurzen Definition voneinander ab:

7

der Schnellhefter(-): _____

der Aktendeckel(-): _____

die Prospekthülle(-n): _____

der Pultordner(-): _____

der Hebelordner(-): _____

die Unterschriftenmappe(-n): _____

der Filzschreiber(-): _____

der Faserschreiber(-): _____

der Textmarker(-): _____

8 Der nachfolgende Text beschreibt einige der Haupttätigkeiten einer Sekretärin.
Notieren Sie beim ersten – zügigen – Lesen die genannten Tätigkeiten. Verwenden Sie dabei die Infinitivform.
Lesen Sie den Text anschließend noch einmal und formulieren Sie für die einzelnen Abschnitte stichwortartige Überschriften.

Für die Sekretärin von heute gilt es vor allem, Zusammenhänge zu erkennen. Darum sind Kenntnisse in allgemeinen Rechtsfragen, in arbeits- und betriebsverfassungsrechtlichen Dingen, in Volks-
5 und Betriebswirtschaft, in Steuerfragen ebenso wichtig wie das eigentliche Know-how im Vorzimmer. Die Sekretärin von heute wird immer mehr zur Koordinatorin, Informantin und Beraterin des Vorgesetzten.

10 Sie wartet nicht nur auf Anweisungen, sie denkt voraus, mit und nach. Sie wird auch gelegentlich eine Anweisung des Vorgesetzten in Frage stellen und einen anderen Vorschlag machen, mit dem sich vielleicht ein Vorgang rationeller und kosten-
15 günstiger erledigen läßt.

Sie lernt und weiß, welche Faktoren die Wahl des Nachrichtenmittels bestimmen, kennt die kostengünstigen Möglichkeiten des Postversands, weiß, daß Telefonieren eine Kunst ist, die oft nicht ein-
20 mal ein Chef beherrscht. Sie kennt nicht nur den Kalender, sondern nutzt die Terminkartei, die ihr bei der Überwachung der Termine und Fristen hilft. Was hängt davon nicht alles ab.

Sie informiert sich über die Angebote des Büro-
25 marktes, um nach einer Analyse des Arbeitsplatzes durch Gegenüberstellung von Preis und Leistung Vorschläge für zweckmäßige Anschaffungen machen zu können.

Das Vorbereiten von Besprechungen, Konferenzen,
30 Seminaren oder gar kleineren Tagungen und Messebesuchen ist für sie eine Selbstverständlichkeit. Hier müssen sich im Laufe der Zeit erworbenes Wissen und Erfahrungen paaren.

Annelore Schlitz

– *Zusammenhänge erkennen*

Sie ist ein As, die Sekretärin

9 **Haben die Chef- und Abteilungssekretärinnen in Ihrem Unternehmen noch andere Aufgaben als die in dem Text dargestellten? Gibt es Unterschiede zum Sekretärinnenberuf in Ihrer Heimat? Tauschen Sie Ihre Erfahrungen aus.**
Diskutieren Sie auch, wie groß die Entscheidungsbefugnis einer Chefsekretärin Ihrer Meinung nach sein sollte!

Ergänzen Sie in dem Gespräch zwischen Frau Nebach und Frau Biebrecht die fehlenden Endungen: **10**

Nebach: Frau Biebrecht, die Anfragen wegen der klein_____ Spielzeugartikel für unsere Überraschungsseife hätten schon vor zehn Tagen abgeschickt werden müssen. *Lassen sich* solche groß_____ Verzögerungen nicht *vermeiden?*

Biebrecht: Na ja, *vermeidbar* wäre das schon gewesen, Frau Nebach. Aber ich hatte doch in der vergangen_____ Woche (f) Urlaub. Und vorher *ließ sich* auch nichts *machen*. Da war die umfangreich_____ Korrespondenz (f) wegen der bundesweit_____ Umfrageaktion (f) *zu erledigen*, so daß einfach keine Zeit mehr übrig blieb. Aber jetzt bin ich ja wieder vollkommen *einsatzfähig*.

Nebach: Wollen wir es hoffen; alles andere wäre auch sehr *bedauerlich*.

Biebrecht: Wie meinen Sie das, Frau Nebach?

Nebach: Nun, mir ist nicht ganz *erklärlich*, weshalb Sie sogar bei einfach_____ Arbeiten (f) oft einen so erheblich_____ Zeitaufwand (m) betreiben.

Biebrecht: Finden Sie meine bisherig_____ Leistungen (f) etwa *indiskutabel?*

Nebach: Von indiskutab_____ Leistungen (f) kann überhaupt keine Rede sein. Aber ich glaube, Ihre Arbeit *läßt sich* schneller *erledigen*, wenn Sie sich besser konzentrieren. Das ist nur ein gutgemeint_____ Ratschlag (m), und der *bleibt* nun von Ihnen *zu realisieren*.

Die kursiv gedruckten Teile in dem Dialog bezeichnet man auch als **Passiversatzformen**. Die **11** jeweilige Aussage ist zwar grammatisch aktivisch, der Bedeutung nach ist sie jedoch passivisch. **Formen Sie die Passiversatzformen in grammatisch korrekte Passivkonstruktionen um. Übertragen Sie Ihr Ergebnis in die folgende Tabelle:**

Passiversatzform	Modalverb im Passiv	Passivform
Von Verben abgeleitete Adjektive mit den Endungen		
-bar	können	
-abel	können	
-fähig	können	
-lich[1]	können	
-lich[2]	sollen/ müssen	
sein, gehen stehen, geben, bleiben + zu + Infinitiv	können/ müssen	
lassen + sich + Infinitiv	können	

12 Wie müßten die in Übung 10 mit Passiversatzformen gebildeten Formulierungen im Aktiv lauten? Vergleichen Sie Ihr Ergebnis mit den Konstruktionen im Passiv und den Passiversatzformen.
Welche der drei Formulierungen würden Sie jeweils bevorzugen?
Diskutieren Sie auch den Bedeutungsunterschied zwischen den einzelnen Formen.

13 Zu den wichtigsten Aufgaben einer Sekretärin zählt die Beherrschung moderner Kommunikationsmedien.
Grenzen Sie die nebenstehend aufgeführten Formen der Kommunikation voneinander ab. Verwenden Sie dazu die Redemittel aus Reihe 4, Übung 7.

Art der Kommunikation	einseitig	zweiseitig
Text-kommuni-kation	Videotext	Fernschreiben Fernkopieren Bildschirmtext Teletext
Sprach-kommuni-kation	Rundfunk	Fern-sprechen Sprechfunk
Bild-kommuni-kation	Fernsehen Kabel-fernsehen	Fernkopieren Bildfern-sprechen
Daten-kommuni-kation	Fernsteuern Fern-überwachen	Datenfernver-verarbeitung

Lehmann/Madincea/Pannek,
Materialien zur ITG

14 **Welche Aufgaben gehören zu den nachstehend genannten Berufen?**
Es ist teilweise hilfreich, wenn Sie die Wortzusammensetzungen auflösen und zunächst die Bedeutung der einzelnen Wortteile klären:

    die Telefonistin(-nen): _____

    die Stenotypistin(-nen): _____

    die Phonotypistin(-nen): _____

    die Stenokontoristin(-nen): _____

Mit Hilfe des untenstehenden Textes können Sie die folgende Übersicht ergänzen. Sehen **15**
Sie sich zunächst nur die Spalten der Übersicht und die Textüberschrift an. Wovon wird der
Text konkret handeln?

Berufsbezeichnung	Index	Durchschnittsgehalt
	101	
Leiterin Schreibbüro/Textverarbeitung		
	161	

Lesen Sie den Text jetzt und vervollständigen Sie beim ersten Lesen die Übersicht:

Bis zu 7 500 DM für die Chefsekretärin
Was Büro-Damen im Durchschnitt verdienen / Enorme Unterschiede

be. **Gummersbach** (Eigener Bericht) – In vielen Büros ist die Schreibmaschine schon durch die Textverarbeitung auf dem Computer ersetzt worden, Teletex und Electronic Mail halten in den Sekretariaten Einzug. Diese neuen Techniken führen zu entscheidenden Veränderungen: Die Sekretärin wird immer mehr zur qualifizierten Assistentin ihres Vorgesetzten. Berufsbilder und Arbeitsabläufe haben sich gewandelt, neue Fähig-
5 keiten und Fertigkeiten sind nach den Erfahrungen der Kienbaum Personalberatung erforderlich.

Drei Faktoren, so die Personalberatung, seien entscheidend für die teilweise großen Unterschiede bei den Gehältern des Büropersonals: die Art der ausgeübten Tätigkeit, Lebensalter und Berufser-
10 fahrung sowie regionaler Standort des Unternehmens. Die unterschiedliche Aufgabenstellung und die daraus resultierende unterschiedliche Qualifikation der Sekretärinnen beeinflussen entscheidend die Höhe der Vergütung. Setzt man das durch-
15 schnittliche Bruttomonatsgehalt einer Telephonistin/Fernschreiberin mit 100 an, beträgt der Index für die Chefsekretärin (Geschäftsführung, Vorstand) 161, für eine Sekretärin (Hauptabteilungs-, Bereichsleitung) 137, für die Leiterin Schreib-
20 büro/Textverarbeitung 133 und für eine (Abteilungs-)Sekretärin 122. Der gleiche Index-Wert gilt für Fremdsprachensekretärin/Korrespondentin. Eine Kontoristin/Sachbearbeiterin kommt im Durchschnitt auf einen Index-Wert von 111, eine
25 Stenokontoristin/Stenotypistin 103 und eine Schreibkraft/Phonotypistin schließlich 101. Bei den Leiterinnen des Schreibbüros handelt es sich um Führungskräfte, denen im Durchschnitt sieben Mitarbeiterinnen unterstellt sind. Chefse-
30 kretärinnen besitzen dagegen nur zu 25 Prozent Personalverantwortung. Ihnen sind durchschnittlich zwei Mitarbeiterinnen unterstellt. Wenn sie

dennoch höher bezahlt werden, so beruht das gleichermaßen auf ihrer vielseitigeren und anspruchs-
35 volleren Aufgabenstellung wie auch auf der besonders engen und vertrauensvollen Zusammenarbeit mit der Firmenleitung. Während die Leiterin des Schreibbüros im Schnitt 3 762 DM verdient, ergibt sich für die Chefse-
40 kretärin ein Durchschnitt von 4 575 DM. Die in der Erhebung erfaßte Gehaltsskala, für Leiterinnen des Schreibbüros reicht dabei von 2 000 DM bis 7 000 DM, für Chefsekretärinnen sogar von gut 2 000 DM bis etwa 7 500 DM. Ins-
45 gesamt wird der stärkste Anstieg der Gehaltskurve bis zum 29. Lebensjahr verzeichnet und flacht dann mit dem 38. Lebensjahr deutlich ab. Oft haben ältere Mitarbeiterinnen bei niedrigeren Gehältern angefangen, konnten aber mit der über-
50 durchschnittlichen Gehaltsentwicklung der letzten Jahre nicht Schritt halten. Spitzengehälter werden in Frankfurt, München und Düsseldorf erzielt. Die Schreib- und Bürokräfte erhalten nach der Kienbaum-Analyse im Durch-
55 schnitt 13,3 Monatsgehälter im Jahr, die Leistungen wie z.B. Weihnachts- und Urlaubsgeld, Prämien und sonstige Jahresabschlußvergütungen beinhalten.

Süddeutsche Zeitung

Im Text werden die Begriffe „das Gehalt" und „die Vergütung" verwendet. **16**
Können Sie aus den Aussagen des Textes einen Bedeutungsunterschied ableiten?

17 Vergleichen Sie die angeführten gehaltsbestimmenden Faktoren mit denen in Ihrer Heimat.
Gibt es dort ähnliche Unterschiede in der Gehaltsregelung für Sekretärinnen?
Halten Sie ein Spitzengehalt von 7 500,– DM für eine Chefsekretärin für gerechtfertigt?

18 **Schreiben Sie einen Text für die Sprechblase.**

HV 9 Sie hören jetzt ein Gespräch, in dem sich Herr Härtler und Frau Nebach mit Herrn Mabos, dem Chef der Personalabteilung, über Frau Biebrecht unterhalten.
Notieren Sie in Stichworten, welche Standpunkte die Gesprächsteilnehmer jeweils in bezug auf das Verhalten gegenüber Frau Biebrecht vertreten:

Härtler: _____

_____

_____

_____

Nebach: _____

_____

_____

Mabos: _____

_____

_____

_____

Können Sie einer der Gesprächspositionen zustimmen? Welche Lösung würden Sie für Frau **19** Biebrecht vorschlagen? Diskutieren Sie und fassen Sie einen gemeinsamen Gesellschafterbeschluß.

Bezüglich Ihres Stimmenanteils gilt bereits der neue Stand des Unternehmensplanspiels.

(Wenn Sie bei der Standortentscheidung für Leipzig gestimmt haben, können Sie – da die Gehälter für Sekretärinnen dort niedriger sind –, Ihrem Konto 10 000,– DM gutschreiben.)

Übertrag aus Reihe 4:	DM
ggf. Gutschrift:	DM
Punkte aus Test 4 x 1000:	DM
Punkte aus der Planspielaufgabe x 1000:	DM
Summe:	**DM**

Reihe 6

Materialwirtschaft · Fertigung

Schaubilder beschreiben · Bezugnahme · Mitteilung

1 Um die Produktion einer „Nullserie" der Überraschungsseife vorbereiten und durchführen zu können, vereinbaren Frau Nebach und Herr Härtler einen Gesprächstermin mit dem Leiter des Produktionsbereiches, Herrn Frantler. Es soll geklärt werden, ob alle Voraussetzungen für die Produktionsaufnahme getroffen worden sind.

Der Produktions- oder Fertigungsprozeß läßt sich in die drei Phasen *Planung – Steuerung – Überwachung* gliedern.

Welchen Abteilungen des Produktionsbereiches sind diese Phasen jeweils zuzuordnen (vgl. S. 36)?

Von welcher Abteilung werden die nachstehend genannten Tätigkeiten jeweils durchgeführt?

der Produktionsprozeß(-sse)		
die Produktionsplanung	die Produktionssteuerung	die Produktions-überwachung

a) Verpacken der Seife

b) Bedienen der Maschinen

c) Einhalten der Zeitpläne

d) Nachfüllen der Grundstoffe

e) Kontrollieren der Qualität

f) Erstellen der Arbeitspläne

g) Ausstellen von Produktlaufkarten

h) Gestalten des Produktionsablaufs

i) Überprüfen der Arbeitsbedingungen

k) Ermitteln des Bedarfs an Arbeitsmaterial

l) Konstruieren von Maschinen und Produktionsvorrichtungen

2

Ergänzen Sie die jeweils zutreffende Präposition:

etwas ist charakterisiert _____ (Akk.)

etwas zeichnet sich aus _____ (Akk.)

etwas besteht _____ (Dat.)

etwas hat eine Wirkung _____ (Akk.)

etwas führt _____ (Dat.)

3

Die wichtigsten Bestandteile von Seifen sind Fette und Öle. Welches Fett bzw. Öl wir für unsere Überraschungsseife verwenden, hängt im wesentlichen von Ihrer Entscheidung in Reihe 4, Übung 10 ab.

Stellen Sie anhand Ihres Diskussionsergebnisses und der Angaben in der nachfolgenden Tabelle fest, welcher Grundstoff am geeignetsten ist, um die gewünschten Qualitäts- und Farbmerkmale zu erreichen.

Seife aus	Farbe	Konsistenz	Schaum	Wirkung auf die Haut
Cocosfett	weiß bis gelblich	sehr hart, spröde	schnell, großblasig, unbeständig	macht empfindliche Haut rauh
Palmkernfett	gelblich-weiß bis gelblich-grau	sehr hart, spröde	schnell, großblasig, unbeständig	macht die Haut rauh
Palmfett (gebleicht)	gelblich	sehr hart	langsam, kleinblasig, beständig	sehr mild
Erdnußöl	grauweiß bis schmutziggelb	sehr fest	langsam, wenig	sehr mild
Sojabohnenöl	hell- bis grüngelb	mäßig fest	mäßig, beständig	mild
Baumwollsaatöl (Cottonöl)	gelblich-grau bis gelb	relativ weich	mäßig, beständig	mild
Leinöl	goldgelb	weich	beständig	mild
Sonnenblumenöl	gelb	weich	gut	mild
Olivenöl	gelb bis dunkelgrün	fest	gut	sehr mild
Talg	weiß bis gelbweiß	sehr hart	langsam, kleinblasig, beständig	sehr mild
Schweineschmalz	weiß	hart	leicht, feinblasig beständig	sehr mild
Knochenfett	gelb bis dunkelbraun	hart	langsam, feinblasig, beständig	mild

Vervollständigen Sie die Fertigungsanweisung entsprechend Ihrem Diskussionsergebnis:

Da Cocos- und Palmfett eine aggressiv_____ Wirkung (f) _____
die Haut haben, dürfen diese – sehr hart_____ und spröd_____
Grundstoffe (m) – für die Herstellung von Kinderseife auf keinen Fall
verwendet werden. Da beschlossen worden ist, daß bezüglich der
Qualität eine _____ Seife (f) produziert werden soll*, eig-
net sich als Grundstoff besonders _____. Es führt
_____ einer _____ Konsistenz (f) der Seife. Das End-
produkt ist dann charakterisiert _____ eine _____
Farbe (f), _____ Schaum (m) und eine _____
Wirkung die Haut.

---

* vgl. die Gesprächsnotiz auf S. 53

4 Als Betriebswirt ist Herr Härtler mit den Einzelheiten der Seifenproduktion nur wenig vertraut.
**Erklären Sie ihm anhand des Schaubildes auf Seite 79 das traditionelle Verfahren der
Seifenherstellung. Verwenden Sie die angegebenen Verben sowie die Redemittel zur Darstellung einer Zeitfolge. Formulieren Sie im Passiv oder mit Hilfe von Passiversatzformen
(einschließlich *man,* unpersönliches *es*).**

zu Beginn
am Anfang
als erstes
zunächst

→

danach
als nächstes
dann
daran
anschließend

→

abschließend
zuletzt
am Ende
zum Schluß

etw. (Akk.) hinzugeben*
etw. (Akk.) hinzufügen
entstehen* (Aktiv!)
verarbeiten zu (Dat.)
bearbeiten
sich befinden* in (Dat.) (Aktiv!)
etw. (Akk.) erhalten* (Aktiv!)
leiten in (Akk.)

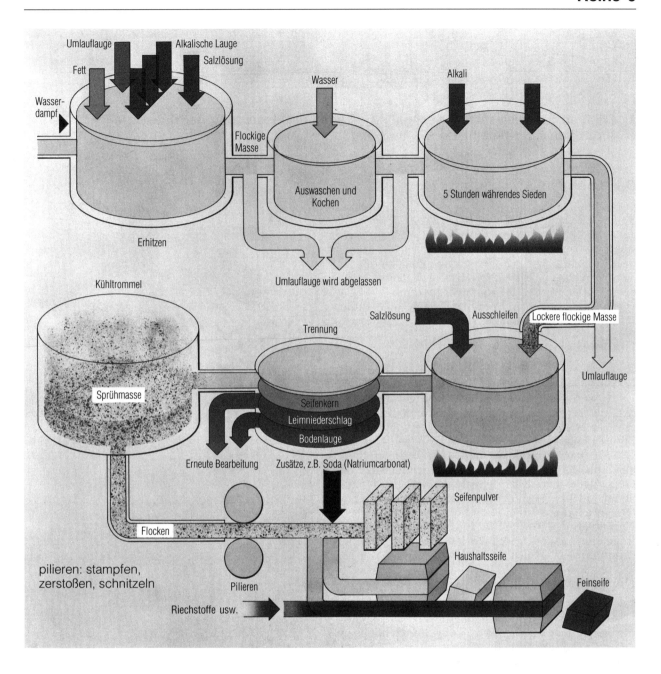

In dem Gespräch mit Herrn Frantler wird unter anderem auch über die geeignetste Produktions- **5**
form für unsere Überraschungsseife diskutiert. Man unterscheidet Werkstatt-, Gruppen-, Reihen-
und Fließbandfertigung.
Was ist damit jeweils gemeint?
**Sehen Sie sich zunächst die Schaubilder an und versuchen Sie herauszufinden, welche der
genannten Produktionsformen dargestellt werden.**

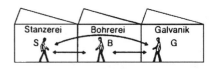 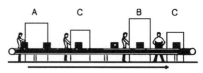 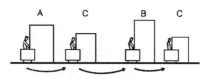

a) Erklären Sie beim ersten – schnellen – Lesen die Bedeutung der unterstrichenen Begriffe durch den Zusammenhang.

Die Reihenfertigung

Bei der Reihenfertigung sind die verschiedenen Produktionsanlagen so angeordnet, daß dies dem <u>Fertigungsablauf</u> aller Produkte entspricht. Charakteristisch ist jedoch, daß es keinen zeitlichen Zusammenhang gibt. Ebenso muß die Reihenfolge der Bearbeitung nicht von allen Produkten eingehalten werden. Bestimmte Produktionsanlagen können also <u>übersprungen</u> werden. Voraussetzung ist hierbei die Einrichtung von Zwischenlagern.

Die Werkstattfertigung

Werkstattfertigung liegt vor, wenn gleiche Produktionsanlagen räumlich zusammengefaßt werden. Diese Form der Fertigung wird immer dann gewählt werden, wenn die verschiedenen Produkte die Fertigungsanlagen unterschiedlich <u>belegen</u>. Räumliche Zusammenfassung bedeutet nicht zwingend, daß die verschiedenen Produktionsanlagen in <u>separaten</u> Räumen untergebracht sein müssen. Dies kann auch eine große Halle sein, in der jedoch gleichartige Maschinen in einem <u>abgegrenzten</u> Bereich angeordnet sind. Der Vorteil dieser Produktionsform liegt in der hohen Flexibilität, der Nachteil in den höheren Transportwegen, wenn eine Produktart auf mehreren Maschinengruppen bearbeitet werden muß.

Die Fließbandfertigung

Auch bei der Fließbandfertigung sind die Produktionsanlagen nach dem Fertigungsablauf hintereinander angeordnet. Hierbei <u>durchlaufen</u> jedoch alle Produkte alle Maschinen in der gleichen Reihenfolge, ein Überspringen von bestimmten Produktionsanlagen ist ausgeschlossen. Dieser Form der Produktion liegt daneben ein gleicher Zeitabstand (Takt) zugrunde.

Die Gruppenfertigung

Auch bei der Gruppenfertigung erfolgt eine Zusammenfassung von Produktionsanlagen. Der Unterschied zur Werkstattfertigung liegt darin, daß hier unterschiedliche Maschinen zu einer Gruppe zusammengefaßt werden. Diese Form wird man immer dann anwenden, wenn verschiedene Produkte innerhalb einer Produktionsgruppe komplett oder zu einem Teil hergestellt werden können. Der Vorteil der Gruppenfertigung liegt in den kürzeren Transportwegen und der <u>abwechslungsreicheren</u> Gestaltung der Arbeitsinhalte für die dort tätigen Menschen.

G. Krüger, Grundwissen prakt. Betriebswirtschaft

b) Bearbeiten Sie die Übersicht in Gruppen. Notieren Sie jeweils für eine Produktionsform die Charakteristika. Tauschen Sie Ihre Arbeitsergebnisse mündlich aus und bearbeiten Sie dann die rechte Spalte stichwortartig.

Produktionsform	Charakteristika	Unterschiede zur ...
Werkstatt-fertigung		Gruppenfertigung:
Gruppen-fertigung		Werkstattfertigung:
Reihen-fertigung		Gruppenfertigung:
Fließband-fertigung		Reihenfertigung:

Ergänzen Sie den nachstehenden Text mit Hilfe der Angaben aus der Übersicht: **6**

Charakteristisch für die Werkstattfertigung ist _____

Im Gegensatz hierzu werden bei der Gruppenfertigung _____

Von der Gruppenfertigung unterscheidet sich die Reihenfertigung darin, _____

Demgegenüber ist der Fertigungsablauf bei der Fließbandproduktion dadurch gekennzeichnet, _____

Welche der Produktionsformen halten Sie für den Fertigungsprozeß der Überraschungsseife **7**
am geeignetsten? Diskutieren und entscheiden Sie!

8 Vorsilben, die nicht als eigenständige Wörter existieren können, haben dennoch häufig einen bestimmten Bedeutungsgehalt.

Sehen Sie sich die nachstehenden Begriffspaare an. Grenzen Sie die Bedeutung des jeweils zuletzt genannten Begriffs von der des erstgenannten ab. Kreuzen Sie in der Übersicht die Bedeutungsmöglichkeiten der in den Beispielen genannten Vorsilben an:

arbeiten – **be**arbeiten: _____

öffnen – **er**öffnen: _____

arbeiten – **er**arbeiten: _____

liefern – **be**liefern: _____

lagern – **ver**lagern: _____

dampfen – **ver**dampfen: _____

gießen – **be**gießen: _____

biegen – **ver**biegen: _____

	er-	be-	ver-
etw. (Akk.) mit etw. (Dat.) versehen oder überziehen			
etw. wird zerstört oder verschwindet			
ein Vorgang beginnt			
etw. verläuft falsch oder fehlerhaft			
ein Zustand wird verändert			

Die genannten Vorsilben können auch noch andere Bedeutungen haben. Sammeln Sie eigene Beispiele und vervollständigen Sie die Übersicht. Berücksichtigen Sie dabei auch den folgenden Text.

Gewinnung der Waschseifen (aus einem Chemie-Schulbuch):

1. Schmelze bei möglichst niedriger Temperatur 10 g **Palmin**, setze zunächst 5 ml **dest. Wasser** und dann allmählich unter ständigem Umrühren mit einem Holzspan eine Lösung von 2 g **Natriumhydroxid** in 10 ml **Wasser** hinzu. Erhitze etwa 20 Minuten bis zum schwachen Sieden. (Ersetze das verdampfende Wasser von Zeit zu Zeit.) – Beobachte die zähe, „fadenziehende" Beschaffenheit des entstehenden *Seifenleims*.
2. Löse einen Teil in **dest. Wasser** auf (es muß eine klare Lösung entstehen!), einen zweiten Teil dampfe ein, den Rest rühre einige Zeit mit festem **Kochsalz**.

Ergänzen Sie in dem nachfolgenden Gespräch die fehlenden Vorsilben:

Härtler: Um die Durchlaufzeit eines Fertigungsauftrages _____rechnen zu können, sollten wir noch kurz die einzelnen Stufen des Produktionsprozesses _____sprechen.

Nebach: Ja, das ist sehr wichtig, weil wir unseren Kunden ansonsten Termine _____sprechen, die wir nicht einhalten können.

Frantler: Ich habe schon eine kleine Skizze _____stellt, die uns vielleicht weiterhelfen kann.

Härtler: Sehr schön. Bevor wir die Sollzeiten festlegen, sollten wir aber über die Abfolge der einzelnen Stufen sprechen.

Frantler: Gut. Wenn der Auftrag _____arbeitet worden ist und feststeht, welche _____zeugnis- und Betriebsstoffe benötigt werden, müssen diese unter Umständen erst einmal bestellt werden. Da die _____arbeitung der Bestellung, die nachfolgende Lieferfrist und die Prüfung des Wareneingangs erfahrungsgemäß sehr viel Zeit in Anspruch nehmen, sollten wir generell auf einen ausreichenden Lagerbestand achten. Obwohl dadurch zunächst Kapital gebunden wird, ist damit im Endeffekt immer ein Gewinn _____bunden.

Nebach: Aber das können wir erst dann realisieren, wenn unsere Lagerhalle ausgebaut worden ist.

Frantler: Das stimmt. Aber Sie sehen, daß wir den Fertigungsprozeß dann um die Hälfte der Zeit _____kürzen könnten. Während wir im ersten Fall für die Herstellung einer Serie unserer Überraschungsseife zum Beispiel zwei bis drei Tage benötigten, würde es im zweiten Fall wahrscheinlich nur einen Tag dauern.

Aufgabenbereiche

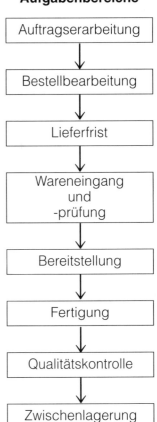

Herr Frantler spricht an einer Stelle von „Erzeugnis-" und „Betriebsstoffen".
Erklären Sie den Unterschied und ordnen Sie die nachstehenden Begriffe richtig zu.

10

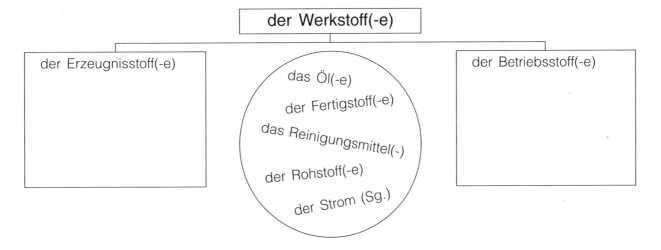

11 Nebensätze

Erinnern Sie sich? Nebensätze stehen meistens im Vor- oder Nachfeld von Hauptsätzen. Eingeleitet werden sie durch eine unterordnende Konjunktion oder ein anderes subjunktives Element (Relativpronomen, *ob*, *um ... zu* etc.). Das Verb nimmt immer die letzte Position ein:

I	II	III	IV	N
Weil noch Werkstoffe **fehlen**,	kann	die Produktion erst morgen	beginnen.	
Die Produktion	kann	erst morgen	beginnen,	**weil** noch Werkstoffe **fehlen**.

Da die nebensatzeinleitenden Elemente fast immer die mit der nachfolgenden Aussage verbunden Sprechabsicht zu erkennen geben, ist es sinnvoll, sich beim Lesen vor allem auf diese Signalwörter zu konzentrieren. Der Lesevorgang wird dadurch erheblich beschleunigt.
Sehen Sie sich unter diesem Aspekt den Dialog in Übung 9 noch einmal an. Unterstreichen Sie dabei die nebensatzeinleitenden Elemente.

12 Welche Sprechabsicht wird mit den nebensatzeinleitenden Elementen jeweils verfolgt? Klären Sie die Bedeutung der aufgeführten Sprechabsichten und ergänzen Sie die unterstrichenen Elemente aus Übung 9 entsprechend:

Sprechabsicht	nebensatzeinleitendes Element
eine Absicht oder einen Zweck ausdrücken	*damit*
Zeitverhältnisse ausdrücken	*solange, während, seit, nachdem, als, bis, sobald*
etwas einschränken oder einräumen:	
Bedingungen formulieren:	*falls*
etwas spezifizieren:	
begründen:	*zumal*
einen Gegensatz ausdrücken:	
etwas vergleichen:	*so – wie, wie*

Lesen Sie den nachstehenden Text über die Herstellung von Seife. Streichen Sie jeweils diejenigen nebensatzeinleitenden Elemente durch, die nicht passen: **13**

Seife kann entweder chargenweise oder kontinuierlich hergestellt werden; das Chargenverfahren wird heute hauptsächlich bei kleinen Produktionsmengen angewendet. Bei der Herstellung von geringen Mengen wird ein Einsatzmaterial aus geschmolzenem, vorgemischtem Fett in einen Stahlkessel

5 gepumpt, _____ mit nicht geschlossenen und geschlossenen Dampfheizschlangen sowie mit Ablaufeinrichtungen versehen ist. Das Fett wird mit dem Wasserdampf aus der nicht geschlossenen Heizschlange erhitzt, _____ die Alkalilösung (Lauge) langsam und portionsweise über einen Zeitraum von Stunden zugegeben wird. Die ‚Umlauflauge' (siehe unten) wird während

10 der Anfangsstadien hineingepumpt, _____ den Emulsionsvorgang zu unterstützen. _____ die Verseifung beendet ist, wird Salzlösung zugeführt, _____ sich die Seife als flockige Masse abscheidet. Die darunter befindliche Lauge, _____ das Glyzerin enthält, wird abgelassen. Die Seife wird gereinigt, _____ man sie mit einer bestimmten Menge Wasser aufkochen läßt und

15 erneut aussalzt. Eine zweite Lauge wird entfernt. Nun folgt eine abschließende Arbeitsstufe, _____ die vollständige Verseifung zu gewährleisten. Zu diesem Zwecke wird eine errechnete Menge Lauge hinzugegeben. Die Masse wird etwa fünf Stunden lang leicht am Sieden gehalten. Anschließend wird noch mehr Lauge hinzugefügt, _____ sich die Seife als lockere Masse abschei-

20 det, wobei die ‚Umlauflauge' übrigbleibt. Schließlich wird die Seife ‚ausgeschliffen', indem sie zum Sieden gebracht und Salzlösung sorgfältig hinzugegeben wird, _____ sich in einer ganz besonderen Weise Flocken bilden; _____ ein Produktionsfacharbeiter leicht erkennt. Beim Absetzen – dies kann maximal vier Tage dauern – trennt sie sich in drei Schichten: Ganz oben befin-

25 det sich der reine Seifenkern, darunter der verunreinigte Leimniederschlag und unten die Bodenlauge. Der Seifenkern wird zur Weiterverarbeitung abgeschöpft. Der Leimniederschlag wird erneut bearbeitet. Der ganze Prozeß dauert etwa eine Woche.

Im Vergleich hierzu dauert das erst vor kurzem eingeführte kontinuierliche

30 Verfahren nur fünfzehn Minuten; _____ wirtschaftlich zu sein, ist hier allerdings ein großer Ausstoß erforderlich. Die Behandlungsfolge – Verseifung, Aussalzen, Auswaschen und Ausschleifen – ist die gleiche; die Verfahrensstufen vollziehen sich jedoch in völlig geschlossenen Behältern. Die Überwachung geschieht durch gesteuerte Materialzufuhr und wird durch Rück-

35 kopplung geregelt.

Lexikon der modernen Technik

Auswahlelemente (rechte Spalte):

der / nachdem / das	als / während / obwohl
damit / um / wegen	daß / falls / wenn / als / bis / die
das / die / daß	indem / nachdem / seit
wegen / um / damit	
wenn / daß / bis	
weil / bis / die	das / was / ob
anstatt / um / damit	

Klären Sie die Bedeutung der folgenden Wendungen: **14**

den Startschuß für etw. (Akk.) geben*:_____

sich von selbst ergeben*:_____

zur Diskussion stehen*:_____

unverbrüchlich mit etw. (Dat.) verbunden sein:_____

sich von selbst erledigen:_____

HV 10   Sie hören jetzt den letzten Teil des Gespräches zwischen Frau Nebach, Herrn Härtler und Herrn Frantler. Es geht vor allem darum, die Produktionsart der Überraschungsseife zu klären.
Bevor Sie den Gesprächsausschnitt hören, vergleichen Sie bitte noch einmal auf S. 81, zu welchem Ergebnis Sie bezüglich der Wahl der Produktionsform gekommen sind. Worin könnte der Unterschied zwischen Produktionsform und Produktionsart bestehen?
Vervollständigen Sie die folgende Skizze nach dem zweiten Hören:

die Produktionsart(-en)

| | die Serien-fertigung | | | |

15   **Führen Sie das angekündigte Brainstorming in Ihrer Gruppe durch: Wie könnte die Verpackung der Seife aussehen? Welchen Namen soll sie erhalten? Notieren Sie Ihren Vorschlag.**

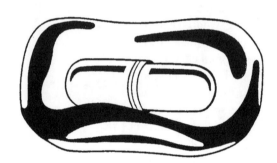

Rechnen Sie Ihren derzeitigen Kapitalanteil aus. Sofern Sie sich in Reihe 3, Übung 10, für eine Vergrößerung der Lagerhalle entschieden haben, wird die Durchlaufzeit Ihrer Fertigungsaufträge erheblich verkürzt. Sie können Ihrem Konto 10 000,– DM gutschreiben.

Übertrag aus Reihe 5:	DM
Gutschrift:	DM
Punkte aus Test 5 x 1000:	DM
Punkte aus der Planspielaufgabe x 1000:	DM
Summe:	**DM**

Werbung

Werbeaussagen formulieren

1 Sehen Sie sich noch einmal die Aufgabenbereiche des Marketing an (S. 50). Abgesehen vom Kundendienst sind hinsichtlich der Vermarktung unserer Überraschungsseife „_____" zwei Bereiche noch nicht bearbeitet worden.
Welche? Machen Sie Vorschläge, welche Aktivitäten unsere Marketing-Abteilung diesbezüglich durchführen sollte.

2 Nach der deutschen Vereinigung wurde in Ost- und Westdeutschland für dasselbe Produkt häufig verschieden geworben.
Warum? Sehen Sie sich die Beispiele an. Worin unterscheiden sich die Anzeigen? Welche könnten für den westdeutschen, welche für den ostdeutschen Markt bestimmt gewesen sein?

Vergleichen Sie Werbeanzeigen für dieselben Produkte in deutschen Zeitschriften und in **3** Zeitschriften Ihres Heimatlandes. Gibt es Unterschiede? Wenn ja, worin bestehen sie und wie lassen sich die unterschiedlichen Konzeptionen kulturell begründen?

Beschreiben Sie in der 1990 erstellten Übersicht diejenigen Aspekte, bei denen West- und **4** Ostdeutsche um mehr als 10 % voneinander abweichen. Verwenden Sie die Redemittel von Seite 51.
Fassen Sie Ihre Ergebnisse in Kategorien zusammen. Worin bestehen die wesentlichen Unterschiede im Freizeitverhalten?
Wo gäbe es bei der gleichen Umfrage in Ihrer Heimat die größten Abweichungen?
Sollte eine Anzeigenwerbung für unsere Überraschungsseife die Ergebnisse der Umfrage berücksichtigen? Welche Konsequenz hätte das für die jeweilige Anzeigengestaltung?

Ost-Deutsche sind häuslicher

Emnid legte eine Liste mit 41 Freizeitbeschäftigungen vor. Mindestens ein Drittel der Ost-Deutschen und/oder der West-Deutschen widmet sich den folgenden davon „häufig" oder „manchmal":

WESTDEUTSCHE		OSTDEUTSCHE
78%	Zeitung lesen	91%
74%	Fernsehen: Unterhaltung/Sport	78%
74%	Zu Hause gemütlich sitzen	84%
70%	Besuch machen, Besuch haben	81%
62%	Illustrierte lesen	77%
60%	Spazierengehen	66%
56%	Telefonieren mit Freunden	28%
52%	In ein Restaurant gehen	41%
50%	Fernsehen: Politik/Kultur	68%
47%	Stadtbummel	56%
47%	Ausflüge	57%
42%	Einkaufen ohne Zeitdruck	48%
41%	Musik konzentriert hören	47%
41%	Im Garten arbeiten	54%
39%	Anspruchsvolle Bücher lesen	43%
37%	Mit Kindern spielen	56%
37%	Schwimmen gehen	30%
36%	Karten- oder Brettspiele	34%
36%	Selbst Sport treiben	26%
35%	Kochen, backen	47%
34%	Sich weiterbilden (Bücher/Kurse)	39%
31%	Wohnung renovieren	50%
28%	Basteln und werken	37%
27%	Auto, Fahrrad warten	39%
27%	Sich mit Haustieren beschäftigen	36%
26%	Handarbeiten (Stricken, Nähen)	36%
23%	Sich um Mitmenschen kümmern	42%

Spiegel Spezial („Das Profil der Deutschen")

5 Der folgende Artikel beinhaltet eine These, die im Gegensatz zu den Aussagen der Übungen 2-4 steht.
Sehen Sie sich zunächst nur die Überschrift an. Wie könnte die These lauten?
Lesen Sie danach den Text. Erklären Sie die unterstrichenen Begriffe aus dem Kontext.
Diskutieren Sie These und Antithese.

Anzeigenpaket für Europa

Dienstag, 10.9.1991

ich DÜSSELDORF. Paneuropäische Werbung heißt die Forderung der Werbungtreibenden und die Herausforderung für die Agenturen im Vorfeld des ab 1. Januar 1993 zum weltweit größten Konsum-
5 markt vereinigten Kontinents in der alten Welt. Die Agenturen haben hierfür längst ihre Netzwerke quer durch Europa und darüber hinaus geknüpft, auch die Medien arbeiten an grenzüberschreitenden Konzepten. „Europe now" ist eine neue Möglichkeit
10 der kombinierten Anzeigenwerbung im „Handelsblatt" (135 000 Exemplare Auflage, 520 000 Leser) und „The Wall Street Journal Europe", (52 000 Exemplare Auflage, mehr als 100 000 Leser, Redaktionssitz Brüssel). Bei Belegung der „Europe now"-
15 Gesamtauflage wird ein Kombinationsrabatt von 10 % eingeräumt.

Beide Wirtschaftsverlage stellten jetzt in Frankfurt und Düsseldorf ihr gemeinsames Europakonzept vor. Karen Elliot House, Vizepräsident der Dow Jones
20 Company, New York, erklärte nicht nur, wofür paneuroäische Werbung gut sei, sondern auch gegen wen, zum Beispiel den „Tiger Japan", der auf dem Sprung sitze, wenn es um den 340-Millionen-Konsumenten-Kontinent mit einem Bruttosozialprodukt
25 von knapp 3 Mrd. Dollar gehe. Dr. Heik Afheldt, Geschäftsführer der Handelsblatt GmbH, Düsseldorf, empfahl mit Blick auf den europäischen Wachstumsmarkt Kommunikation mittels einer erfolgversprechenden (An-)Sprache: „English with a
30 German accent".

Handelsblatt

---

6 **Ordnen Sie den Definitionen jeweils den passenden Begriff zu. Ergänzen Sie bei den Begriffen den Artikel:**

_____ : die Medien, in denen Werbung verbreitet wird (die Zeitung, die Plakatwand, der Hörfunk).

_____ : die Ausdrucks- und Gestaltungsform von Werbung (das Inserat, das Plakat, der Spot)

_____ : der Inhalt der Werbeaussage

_____ : die zur Verfügung stehenden Finanzmittel für die Werbung

_____ : derjenige, an den sich die Werbung richtet

_____ : die räumliche Verbreitung der Werbung

_____ : das Produkt, für das geworben wird

_____ : das werbende Unternehmen

Werbemittel(-)
Umworbene(-n)
Werbeobjekt(-e)
Werbestreuung(-en)
Werbebudget(-s)
Werbungtreibende(-n)
Werbebotschaft(-en)
Werbeträger(-)

Der Werbeplan

Sie hören gleich ein Telefongespräch, in dem Frau Artmann Frau Nebach über die wichtigsten Punkte bei der Aufstellung eines Werbeplans für die Überraschungsseife informiert.
Ergänzen Sie nach dem ersten Hören in der Telefonnotiz von Frau Nebach die fehlenden Verben:

```
┌──────────────────────────────────────────────────────┐
│                                          ┌──────────┐ │
│  Anruf von _____   │ Telefon- │ │
│            _____     │  notiz   │ │
│                                          └──────────┘ │
│  ──────────────────────────────────────               │
│                                                        │
│    ○ Werbeziel          ─────────────────────          │
│    ○ Zielgruppen        ─────────────────────          │
│    ○ in Werbung         ─────────────────────          │
│    ○ Werbebotschaft     ─────────────────────          │
│    ○ Werbeslogan        ─────────────────────          │
│    ○ Werbemittel, -träger ───────────────────          │
│    ○ Werbebudget                                       │
└───────╲╱╲╱╲╱╲╱╲╱╲╱╲╱╲╱╲╱╲╱╲╱╲╱╲╱╲╱╲╱╲╱╲╱╲╱────────────┘
```

Ursprünglich hatte Herr Kreberg geplant, für die Überraschungsseife mit dem Begriff „neutral" zu werben. Der nachfolgende Bericht über ein Gerichtsurteil zur Verwendung des Begriffs „neutral" läßt ihn jedoch Abstand davon nehmen.
Warum? Lesen Sie zunächst den Text und ergänzen Sie die Verbformen:

7

Werbung mit „neutral" verboten

KÖLN. Die Düsseldorfer Firma „Fissan" darf ihre Babykosmetikserie nicht mehr unter der Bezeichnung „Fissan Neutral" vertreiben, und die Hamburger Firma Elida Gibbs darf für ihr Haarshampoo
5 „Timotei" nicht mehr damit werben, daß es „biologisch abbaubare Waschrohstoffe" enthal_____. Entsprechende Urteile fällte gestern die Wettbewerbskammer des Kölner Landgerichts. Kläger in beiden Verfahren war der Kölner „Verein gegen das
10 Unwesen in Handel und Gewerbe", hinter dem maßgebliche Teile des Einzelhandels stehen.
Der Verein hatte die Produktbezeichnung „Fissan Neutral" als „irreführend" gerügt, weil die Baby-Pflegeartikel zumindest ätherische Öle und damit
15 Duftstoffe enth_____ten. Vertreter des Düsseldorfer Unternehmens hatten vor Gericht darauf verwiesen, daß die Pflegeserie, die unter anderem aus Cremes, Shampoo und Puder besteht, reizstoffarm s_____ und weder Parfüm noch Farbstoffe

20 oder Konservierungsstoffe enth_____. Deshalb d_____ man sie durchaus als „neutral" bezeichnen. Die Kölner Richter vertraten jedoch die Ansicht, die Produktbezeichnung k_____ „einen nicht unerheblichen Teil der Verbraucher in die Irre
25 führen". Von einem als „neutral" bezeichneten Produkt erwar_____ ein „relevanter Teil" der Verbraucher, daß er auch keine Duftstoffe enth_____, dies vor allem vor dem Hintergrund immer häufigerer Anfälligkeiten für Allergien bei Hautpflege-
30 mitteln. Die Bezeichnung „neutral" verst_____ deshalb gegen das Gesetz gegen den unlauteren Wettbewerb (AZ 31 O 64/89). Zur Werbung für „Timotei" urteilte das Gericht, die Werbeaussage s_____ zwar „objektiv richtig", gleichwohl sugge-
35 rier s_____ sie „einen in Wirklichkeit nicht gegebenen Vorteil gegenüber anderen Produkten".
(AZ 31 0 544/88)

Rheinische Post

---

8 Wahrscheinlich sind Sie bei der Ergänzung der Verbformen zu unterschiedlichen Ergebnissen gelangt. Da es sich um die Wiedergabe einer wörtlichen Rede, also um Formulierungen in indirekter Rede, handelt, ist dies auch durchaus vertretbar.
Grundsätzlich bestehen folgende Möglichkeiten, die indirekte Rede zu formulieren (Gegenwartsform):

Herr Kreberg sagt,	er **darf** den Begriff „neutral" nicht verwenden.	**Indikativ Präsens**
	daß er den Begriff „neutral" nicht verwenden **darf**.	
	er **dürfe** den Begriff „neutral" nicht verwenden.	**Konjunktiv I**
	daß er den Begriff „neutral" nicht verwenden **dürfe**.	
	er **dürfte** den Begriff „neutral" nicht verwenden.	**Konjunktiv II**
	daß er den Begriff „neutral" nicht verwenden **dürfte**.	

9 Obwohl die Verwendung der Verbform in der indirekten Rede nicht streng festgelegt ist, gibt es doch einige Anhaltspunkte und Richtlinien, die man beachten sollte.
Sehen Sie sich noch einmal den Text auf Seite 91 an. An welchen Stellen könnte man andere Verbformen als die von Ihnen besprochenen einsetzen, an welchen nicht?
Entscheiden Sie, welcher Verbform die nachstehend aufgeführten Regelhinweise jeweils zuzuordnen sind. Bilden Sie Beispiele:

Der **Indikativ** wird verwendet:
Der **Konjunktiv I** wird verwendet:
Der **Konjunktiv II** wird verwendet:

1. wenn Konjunktiv I und Indikativ Präsens gleich lauten
2. bei den Personalpronomen *du* und *ihr*
3. bei den Personalpronomen *ich* und *wir*
4. bei den Personalpronomen *er / sie* (Sg.) / *es* und den Nomen im Singular

5. bei den Personalpronomen *sie* (Pl.), dem Anredepronomen *Sie* und den Nomen im Plural
6. beim Gebrauch des Verbs *sein*
7. in der gesprochenen Umgangssprache, wenn im unmittelbaren Kontext des Wiedergegebenen ein redeeinleitendes Verb genannt wird (z.B.: er *sagt*, ...)

Aufgrund der veränderten Berichtperspektive treten bei der Umformung von direkter in indirekte Rede folgende Änderungen auf: **10**

○ Pronomen sowie adverbiale Zeit- und Ortsangaben werden der Berichtperspektive angepaßt.
○ Anreden und Ausrufe fallen weg.
○ Der Konjunktiv II bleibt erhalten.

Frau Artmann hat bei Herrn Härtler angerufen. Am nächsten Tag berichtet Herr Härtler Frau Nebach, was Frau Artmann gesagt hat.
Wie müßte er den folgenden Satz von Frau Artmann wiedergeben (Konjunktiv I)?

„Ich melde mich übermorgen bei Ihnen."

Frau Artmann sagte, _____

Die nachstehenden Begriffe und Wendungen sind dem Text „Kräftig hingelangt" entnommen. **11**
Klären Sie die jeweilige Bedeutung und spekulieren Sie anhand dessen, worum es in dem Text gehen könnte:

nichts zu lachen haben: _____

der „Humorwert"(-e): _____

einmütig zu Protokoll geben: _____

flotte Sprüche: _____

das Werbeklima (Sg.): _____

Kräftig hingelangt
Eine aktuelle GfK-Umfrage signalisiert ein Ende des Werbebooms im Fernsehen.

Wenn es um Werbung geht, gibt es vor deutschen Bildschirmen wenig zu lachen. Noch geringere „Humorwerte" als in Deutschland, fand jetzt die Nürnberger GfK Marktforschung heraus, werden
5 lediglich in der ehemaligen CSFR und Ungarn registriert.
Dabei hat die Trostlosigkeit der Werbebotschaften im Osten Europas einen Grund: So gaben jeweils 1000 Befragte aus Ostdeutschland, Polen, Ungarn und der
10 tschechischen und slowakischen Republik fast einmütig zu Protokoll, daß ihnen an flotten Sprüchen und grellbunten Bildern vorerst nur wenig liegt. Deutlich sollen Werbebotschaften sein, informativ und vor allem glaubwürdig. Ergo, so die Schlußfolgerung der
15 Nürnberger Marktforscher, muß Werbung gerade im Ostblock langfristig ausgerichtet sein, wobei angesichts der Neuordnung des Zeitungs- und Zeitschriftengeschäfts dem Fernsehen zumindest vorerst die Rolle des Primärmediums zukommt.

20 Anders im Gebiet der alten Bundesrepublik: Die zweimal jährlich im Auftrag der Wirtschaftswoche von der GfK ermittelte Werbeklima-Studie, zu der 154 Werbeleiter aus der Konsumgüter-, Investitionsgüter- und Dienstleistungsbranche sowie
25 31 Agenturchefs befragt werden, bestätigt auch für dieses Jahr einmal mehr die traditionelle Dominanz der Printmedien unter den Werbeträgern. Das Werbeaufkommen des Privatfernsehens wird zwar weiterhin wachsen; der Zuwachs fällt aber mit einem
30 Plus von zehn Prozent deutlich geringer aus als im Vorjahr, als die Privaten noch um 25 Prozent zulegen konnten.
Für 70 Prozent der befragten Werbeleiter und 61 Prozent der Agenturchefs ist Werbung im Privat-
35 TV bereits zu teuer.

Wirtschaftswoche

12 **Lesen Sie den Text und fassen Sie den Inhalt kurz in Ihrer Muttersprache zusammen.**

_____

_____

_____

_____

_____

_____

_____

Wenn Sie Vergleichsmöglichkeiten haben, kommentieren Sie auch kurz die These von der Humorlosigkeit deutscher Werbung.

13 **Wie müßte der Text lauten, wenn Sie ihn in indirekter Rede wiedergeben? Versuchen Sie es mündlich.**

14 Auf Anraten von Herrn Kreberg entschließen sich Frau Nebach und Herr Härtler, die Überraschungsseife nicht direkt bundesweit, sondern zunächst auf einem kleineren Testmarkt einzuführen. Ein Testmarkt muß durch die nachfolgend genannten Voraussetzungen charakterisiert sein. **Notieren Sie, was im einzelnen damit gemeint sein könnte. Diskutieren Sie auf dieser Grundlage, wie ein Testmarkt für die Überraschungsseife aussehen könnte.**

Örtliche Begrenztheit: _____

_____

Kein zu kleines Marktareal: _____

_____

Demographische und konsumbezogene Repräsentativität: _____

_____

Keine Dominanz bestimmter Wirtschaftszweige: _____

_____

Räumliche Abgegrenztheit in bezug auf die Werbestreuung: _____

_____

„Blödsinnig diese Werbung."　　　　　　　　　　E. Hürlimann

Der Testmarkt

Im Radio hören Herr Härtler und Frau Nebach ein betriebswirtschaftliches Kolleg über Marketing. Unter anderem wird auch über das Wesen und die Anforderungen von Testmärkten berichtet.

Lesen Sie die nachstehenden Aussagen und kreuzen Sie nach dem zweiten Hören die zutreffenden an. Teilweise gibt es mehrere richtige Lösungen.

Der Testmarkt sollte
☐ einen typischen Wirtschaftszweig haben.
☐ nicht auf Tee oder Wein beschränkt sein.
☐ repräsentative Konsummerkmale aufweisen.

„Räumliche Abgegrenztheit" bedeutet, daß
☐ der Testmarkt ein Teilmarkt ist.
☐ weitgehende Isolation besteht.
☐ nur wenige Medien angrenzender Gebiete empfangen werden können.

Ziel eines Testmarktes ist es,
☐ die Gesamtheit realistisch abzubilden.
☐ Marktmißerfolge zu begrenzen.
☐ das Marktareal klein zu halten.

DDR wurde Nielsen 6 und Nielsen 7

In und mit Nielsen-Gebieten arbeiten die Marktforscher. Die Vereinigung in ihrer Sprache: Nielsen 5 wurde in Nielsen 5a und 5b verdoppelt, die DDR wurde Nielsen 6 und 7.

SPIEGEL SPEZIAL

15 Herr Kreberg hat als Testmarkt für unsere Überraschungsseife Regensburg ausgewählt. Gleichzeitig hat er eine Übersicht skizziert, aus der ersichtlich wird, unter welchen Voraussetzungen die Überraschungsseife bundesweit eingeführt werden kann.
Klären Sie den Unterschied zwischen den Begriffen *die Erstkäuferrate* und *die Wiederkaufrate*. Beschreiben Sie die Übersicht unter Verwendung konditionaler Nebensätze:

Erstkäuferrate	Wiederkaufrate	Maßnahme
hoch	hoch	Produkt einführen
hoch	niedrig	Produkt verbessern oder aufgeben
niedrig	hoch	Werbung und Verkaufsförderung verbessern
niedrig	niedrig	Produkt aufgeben

Das Produkt kann eingeführt werden, wenn ...

_____

_____

_____

_____

_____

_____

16 In dem Schaubild fehlen die untenstehenden Firmennamen.
Was produzieren die genannten Unternehmen? Diskutieren Sie, an welcher Stelle des Diagramms sie jeweils stehen könnten und begründen Sie Ihre Meinung.

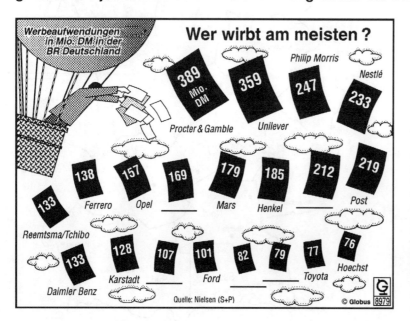

C&A   Beiersdorf   BMW

Bayer   VW/Audi

Die Nase vorn haben die Saubermacher, wenn es um Werbeausgaben geht. Ob Sportwagen, Suppenwürfel oder Waschpulver – Hersteller und Handel umwerben den Kunden in allen Medien. Am meisten, nämlich 389 Millionen DM, gab der Konzern Procter & Gamble für Werbung aus, gefolgt von Unilever mit 359 Millionen DM. Damit stehen die großen Hersteller von Wasch- und Reinigungsmitteln ganz vorn. Aber nicht nur Industrie- und Handelsunternehmen finden sich unter den ersten 20 der „Werbe-Hitparade", sondern auch ein Dienstleistungsunternehmen der öffentlichen Hand – die Post.

Kennen Sie eine vergleichbare Statistik Ihres Heimatlandes?

Die Werbekampagne in Regensburg soll durch Werbespots im Hörfunk ergänzt werden. Als **17** Werbeträger stehen drei Sender zur Diskussion, deren Programme in Regensburg empfangen werden können (in Klammern ist die durchschnittliche Hörerzahl in Regensburg angegeben): Bayerischer Rundfunk (ca. 100 000), Radio Antenne Franken (ca. 12 000) und Radio Charivari (ca. 10 000). In demographischer Hinsicht bestehen bezüglich der jeweiligen Hörergruppen keine großen Unterschiede.

Herr Kreberg kann aus seinem Etat 20 000,– DM für Rundfunkwerbung zur Verfügung stellen (ohne die Produktionskosten für den Werbespot).

Wie würden Sie diesen Betrag anlegen, wenn die Werbekampagne insgesamt acht Wochen dauern soll?

Diskutieren Sie in kleinen Gruppen über die Wahl des Senders, die Spotlänge, die Anzahl der zu sendenden Werbespots und die Sendezeiten. Notieren Sie in Stichworten und stellen Sie Ihr Ergebnis im Plenum vor. Verwenden Sie dabei die angegebenen Redemittel (vgl. auch S. 8 und S. 27).

RADIO ANTENNE FRANKEN – Preisliste Nr. 4

Sendezeiten	MONTAG - SAMSTAG		SONN- UND FEIERTAGE	
	Sekunde DM	Live-Durchsage 15 Sekunden	Sekunde DM	Live-Durchsage 15 Sekunden
6.00 - 7.00	4,–	110,–		
7.00 - 8.00	4,–	110,–		
8.00 - 9.00	4,–	110,–	4,–	110,–
9.00 - 10.00	3,–	90,–	4,–	110,–
10.00 - 11.00	3,–	90,–	4,–	110,–
11.00 - 12.00	3,–	110,–	4,–	110,–
12.00 - 13.00	4,–	110,–	4,–	110,–
13.00 - 14.00	4,–	110,–	3,–	90,–
14.00 - 15.00	3,–	90,–	3,–	90,–
15.00 - 16.00	3,–	90,–	4,–	110,–
16.00 - 17.00	4,–	110,–	4,–	110,–
17.00 - 18.00	4,–	90,–	4,–	110,–
18.00 - 19.00	3,–	90,–	3,–	90,–
19.00 - 20.00	3,–	90,–	2,–	70,–
20.00 -	2,–	70,–		

Alle Preise zuzüglich Mehrwertsteuer

Rabatte

Werden innerhalb eines Abschlußjahres für einen Werbetreibenden mehrere Schaltungen ausgestrahlt, so werden folgende Rabatte gewährt:

Sekunden	Nachlässe
ab 750	3 %
ab 1.500	5 %
ab 3.000	7,5 %
ab 4.500	10 %

Aufträge können nur innerhalb eines Abschlußjahres addiert werden, maßgebend sind dabei die Daten der Ausstrahlung.

WERBEFUNK BAYERN 1

Sendezeiten Mo-Fr	Preis je Sek./DM		Sendezeiten Samstag	Preis je Sek./DM
6.24 - 6.30 Uhr	72,–		7.50 - 7.57 Uhr	72,–
7.27 - 7.30 Uhr	142,–		8.53 - 9.00 Uhr	91,–
7.57 - 8.00 Uhr	142,–		9.53 - 10.00 Uhr	90,–
8.24 - 8.30 Uhr	143,–		10.53 - 11.00 Uhr	70,–
9.10 - 10.00 Uhr	110,–		12.56 - 13.00 Uhr	70,–
10.56 - 11.00 Uhr	78,–		13.56 - 14.00 Uhr	46,–
11.56 - 12.00 Uhr	82,–		ca. 16.20 - 16.24 Uhr*	50,–
13.10 - 14.15 Uhr	54,–			
16.55 - 17.00 Uhr	50,–			

* Dieser Block ist innerhalb der Sendung »Heute im Stadion« plaziert. Im Zusammenhang mit Live-Reportagen von Fußballbundesliga-Spielen kann sich die Sendezeit geringfügig verschieben.

Die Mehrwertsteuer wird zusätzlich berechnet.

Spot-Längen

15 Sekunden	35 Sekunden	55 Sekunden
20 Sekunden	40 Sekunden	60 Sekunden
25 Sekunden	45 Sekunden	über 60 Sekunden nach Absprache
30 Sekunden	50 Sekunden	

Entsprechend dieser Staffelung müssen bei Auftragserteilung die Spot-Längen verbindlich angegeben werden.

PREISLISTE NR.6
Einschaltzeiten und Preise

Sendetag	Einschaltzeiten	Preis (DM/Sek.)	Livedurchsage
Montag	6.00 - 9.00	DM 8.-	DM 160,-
	9.00 - 16.00	DM 6.-	DM 120,-
bis	16.00 - 19.00	DM 7.-	DM 140,-
	19.00 - 22.00	DM 5.-	DM 100,-
Samstag	22.00 - 6.00	DM 4.-	DM 80,-
Sonn- und	6.00 - 19.00	DM 5,-	DM 100,-
Feiertag	19.00 - 6.00	DM 4.-	DM 80,-

Sonderwerbeformen auf Anfrage

Alle Preise zuzüglich der gesetzlichen Mehrwertsteuer.

Königstraße 26
8500 Nürnberg 1
Tel. 0911/26 33 33
Fax 0911/20 87 17

Rabatte

ab DM 3.000,-	3%
ab DM 10.000,-	5%
ab DM 15.000,-	7,5%
ab DM 20.000,-	10%
ab DM 35.000,-	15%
ab DM 50.000,-	20%

Rabattfähig ist der Umsatz des Kalenderjahres.

Einen Entschluß mitteilen

Wir	möchten		dafür plädieren, dafür aussprechen,	+ *Infinitivsatz*
	haben	uns	dazu entschlossen, dafür entschieden,	
			beschlossen,	
	sind		zu dem Schluß gekommen	+ *daß-Satz*

	1.-2. Woche	4.-5. Woche	6.-8. Woche
Länge des Spots			
Sender			
Anzahl Werbespots			
Sendezeit			
Kosten			

18 Bei gemeinsamen Überlegungen zur Konzeption eines Werbespots berichtet Herr Kreberg Frau Nebach, daß nicht jedes – inhaltlich durchaus zutreffende – Wort für Werbeaussagen geeignet sei. So müsse man auf jeden Fall das Wort „*billig*" vermeiden und statt dessen z.B. „*preiswert*" verwenden.
Warum? Kennen Sie in Ihrer Muttersprache ähnliche Beispiele? Berichten Sie!
Durch welche Wörter könnten die folgenden – beschönigenden – Ausdrücke ersetzt werden?

die Zweitfrisur(-en): _____

das Kompaktauto(-s): _____

vollschlank: _____

die Einwegpackung(-en): _____

der Kundenberater(-): _____

das Einkaufsparadies(-e): _____

19 Um originell und einprägsam zu wirken, werden in der Werbung häufig mehrdeutige Ausdrücke verwendet, die an ganz andere Zusammenhänge erinnern als mit der eigentlichen Werbeaussage beabsichtigt wird.
Sehen Sie sich die Beispiele auf Seite 99 an. In welchen Zusammenhängen könnten sie auch gebraucht werden?

Esso Super Diesel.
Wirtschaftlich weiterkommen.

Backen im
Dampfgarherd –
da gehen Herz
und Hefe auf!

Aral. Alles super.

Tapete. Kleb Dir eine.

ABRECHNUNG MIT DER GLÜHBIRNE.

HELL WIE DER LICHTE TAG **OSRAM**

Ein bewährtes Modell für die Konzeption von Werbemitteln bietet die *AIDA-Formel*: Jede Werbung muß zunächst *Aufmerksamkeit* und *Interesse wecken* (*attention, interest*), um auf diese Weise den *Wunsch* (*desire*) nach dem Besitz des Werbeobjekts *wecken* und *zum Handeln* (*action*), also zum Kauf, *auffordern* zu können. Um dies zu erreichen, verwenden Werbetexter bestimmte Stilmittel. Einige davon sind nachstehend abgedruckt.

20

Finden Sie selbst Beispiele dazu und kennzeichnen Sie die drei Ihrer Meinung nach wichtigsten Regeln durch Ankreuzen. Diskutieren Sie Ihre Ergebnisse.

Tips zur Textgestaltung

☐ kurze und einprägsame Sätze – knapp, klar und kontaktreich, keine Schachtelsätze;

☐ Handlungen in Verben und möglichst keine Endungen auf ...ung – nicht „Wir bitten um Beachtung", sondern „Bitte beachten Sie";

☐ aktiver Schreibstil – nicht „Wir meinen, das ist das Richtige für Sie", sondern „Das ist das Richtige für Sie";

☐ Gegenwartsstil übertrifft Zukunfts- und Vergangenheitsstil;

☐ Abkürzungen ausschreiben oder erklären;

☐ negative Nachrichten positiv verpacken – nicht „Wir haben Silvesternachmittag geschlossen", sondern „Silvester von 8.00 bis 12.00 Uhr geöffnet";

☐ den Sie-Stil verwenden – den Leser in den Mittelpunkt stellen, nicht die eigene Firma;

☐ sich in die Lage des Angesprochenen versetzen – auf die Situation des Lesers eingehen;

☐ die Vorteile für den Leser aufzeigen – Lebensfreude, Bequemlichkeit, Sicherheit, Prestige, leichte Handhabung usw. verkaufen.

Quelle: E. Obermeier, *Grundwissen Werbung*

HV 13 Sie hören jetzt zwei Werbespots aus dem Rundfunk.
Notieren Sie nach dem ersten Hören nur die erwähnten Produktnamen. Entscheiden Sie beim zweiten Hören, ob in den Spots die einzelnen Phasen der AIDA-Formel berücksichtigt werden. Notieren Sie diesbezüglich Stichworte.

	Spot 1	Spot 2
Produktname		
Aufmerksamkeit, Interesse		
Wunsch nach Besitz		
Aufforderung zum Kauf		

Welchen der beiden Werbespots halten Sie für werbewirksamer? Begründen Sie Ihre Entscheidung.

21 Herr Kreberg schlägt vor, daß für die Produktion eines Funkspots von 30 Sekunden Länge 6000,– DM aufgewendet werden sollten.
Übernehmen Sie diese Aufgabe. Erstellen Sie in kleinen Gruppen jeweils einen Werbespot für unsere Überraschungsseife. Nehmen Sie Ihren Spot auf Kassette auf, und führen Sie im Plenum eine Entscheidung darüber herbei, welcher der produzierten Werbespots am werbewirksamsten ist und gesendet werden soll.
Die Mitglieder des Siegerteams erhalten die 6000,– DM aus unserem Werbebudget.

Text des Werbespots für die Überraschungsseife:

_____

_____

_____

_____

_____

_____

Unter nehmens plan spiel

Notieren Sie Ihren aktuellen Kontostand! Sofern Sie bei der Wahl des Namens für unsere Überraschungsseife (S. 86) eine Bezeichnung gewählt haben, die doppeldeutig ist und andere Kontexte assoziieren läßt, können Sie sich für diese werbewirksame Idee 5000,– DM gutschreiben.

Übertrag aus Reihe 6:	DM
Gutschrift:	DM
Punkte aus Test 6 x 1000:	DM
Punkte aus der Planspielaufgabe x 1000:	DM
Summe:	**DM**

Reihe 8

Personalwirtschaft · Teilzeitarbeit · Bewerbungen

Lebenslauf · Bewerbung formulieren

1 Um von unserer Firmenleitung nicht gekündigt zu werden, hat Frau Biebrecht von sich aus die Kündigung eingereicht (vgl. Reihe 5). Da Herr Mabos, der Personalchef, wegen einer schweren Erkrankung für einige Wochen ausfällt, übernimmt Frau Nebach die anfallenden Aufgaben selbst. **Was muß sie tun? Ordnen Sie die Verben passend zu:**

das Arbeitszeugnis(-se) _____

die Stellenanzeige(-n) _____

das neue Arbeitsverhältnis(-se) _____

die Bewerbungsunterlage(-n) _____

den Arbeitsplatz(-e) _____

das Einstellungsgespräche(-e) _____

führen
*beschreiben**
*durchsetzen**
*aufgeben**
ausstellen
*schließen**

2 **Welche Erfahrungen haben Sie bei der Stellensuche gemacht? Wie haben Sie Ihre derzeitige Arbeitsstelle erhalten?**
Führen Sie Interviews in Dreiergruppen durch. Der Interviewer berichtet dem Plenum, was seine Interviewpartner gesagt haben (indirekte Rede!).

3 Unmittelbar nach ihrer Kündigung hat Frau Biebrecht ein Stellengesuch in der Zeitung aufgegeben. Wie müssen die abgekürzten Begriffe in ausgeschriebener und grammatisch korrekter Form lauten?

> ### Sekretärin-Sachbearbeiterin
> 31 J., ungek., selbständig arbeit., flexibel, belastbar, zuverl. mit allen Sekretariatsaufg. etc. in Folge langjähr. Berufspraxis u. Erfahrung – auch in franz-spr. Ausl. – vertraut. Engl., Franz. perf., Steno, mittlere Reife, höhere Handelssch., sucht neuen interess. Wirkungskreis. Erbitte Zuschriften unter . . . an die Frankfurter Allgemeine, Postfach . . . , 60267 Frankfurt/Main.

31 J_____, ungek_____, selbständig arbeit_____, flexibel, belastbar, zuverl_____ mit allen Sekretariatsaufg_____ etc. in Folge langjähr_____ Berufspraxis u_____ Erfahrung – auch in franz_____-spr_____ Ausl_____ – vertraut. Engl_____ _____, Franz_____ perf_____, Steno, mittlere Reife, höhere Handelssch_____, sucht neuen interess_____ Wirkungskreis.

4 Die Grundlage von Arbeitsverträgen bilden in den meisten Fällen
 – gesetzliche Vorschriften
 – Regelungen des Tarifvertrags
 – Betriebsvereinbarungen.
 Worin könnte der Unterschied zwischen diesen drei Aspekten bestehen? Diskutieren Sie und suchen Sie eigene Beispiele.

Sie möchten Frau Nebach anhand der nebenstehenden Übersicht die wichtigsten Grundlagen für die Begründung eines Arbeitsverhältnisses erklären.
Sehen Sie sich die Skizze an und vervollständigen Sie den Text:

Das Arbeitsverhältnis

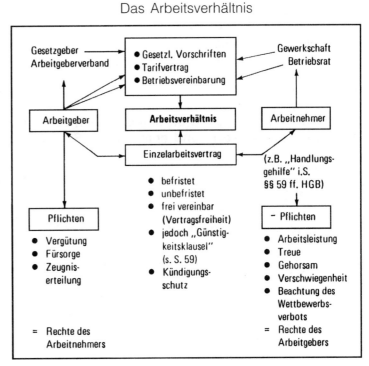

U. Freier/G. Rauschhofer, Atlas Wirtschaftslehre

Jedem Arbeitsverhältnis liegen gesetzliche Vorschriften zugrunde, _____

vom Gesetzgeber erlassen _____ _____. Eben-

so müssen Regelungen des zur Zeit gültigen Tarifvertrags beach_____

_____. Im Gegensatz zu Betriebsvereinbarungen,

5 _____ zwischen _____ und _____ ge-

schlossen _____, _____ Tarifverträge zwischen

der _____ und dem _____ ausgehandelt.

Ein Einzelarbeitsvertrag kann befristet oder unbefristet _____

oder frei _____ _____. Entsprechend der

10 _____ können natürlich auch Vertragsbedingungen vereinbart

werden, _____ für den Arbeit_____ vorteilhafter sind als z.B.

die tarifvertraglichen Vereinbarungen.

_____ die Pflichten des Arbeitnehmers vor allem darin beste-

hen, eine festgesetzte _____ zu erbringen, _____

15 _____ zu bewahren und das Wettbewerbsverbot zu _____,

verpflichtet sich der Arbeitgeber u.a. zur _____ gegenüber

dem Arbeitnehmer und zur _____ gegenüber dem Arbeit-

nehmer und zur _____ eines Arbeitszeugnisses,

_____ das Arbeitsverhältnis beendet ist.

6 Frau Nebach hat sich entschlossen, die neue Chefsekretärin über eine Stellenanzeige in der Zeitung zu suchen.

Als Vorbild für die Gestaltung der Anzeige unseres Unternehmens sieht sich Frau Nebach die auf der folgenden Seite abgedruckten Beispiele anderer Inserenten an. Bei der Konzeption einer Stellenanzeige ist es wichtig, nicht nur etwas über die gewünschten Eigenschaften des künftigen Mitarbeiters auszusagen. Auch das inserierende Unternehmen muß deutlich werden lassen, was es selbst zu bieten hat.

Inwiefern sind diese Anforderungen in den Stellenanzeigen erfüllt?

Notieren Sie Stichworte und entscheiden Sie, welches Inserat am besten aufgebaut ist.

Anspruchsvolle Aufgabe auf Top-Ebene

Sekretärin Geschäftsführer

Wir sind ein dynamisches Unternehmen mit bekanntem Namen und einer technisch anspruchsvollen Produktpalette. Ständige Produktinnovation sichert uns eine führende Marktposition. Unseren Erfolg verdanken wir engagierten Mitarbeitern, die zielorientiert arbeiten.

Wir suchen Sie zur wirkungsvollen Unterstützung der Geschäftsführung. Sie haben Erfahrung in vergleichbarer Position und überzeugen durch Organisationstalent, Engagement sowie eine flotte, zuverlässige und vertrauenswürdige Arbeitsweise. Ihre Persönlichkeit sichert Ihnen die Anerkennung von Geschäftspartnern – auch auf der Top-Ebene – und Führungskräften des Hauses. Idealerweise

sind Sie nicht unter 30, haben gute Englischkenntnisse und Erfahrungen aus Produktionsunternehmen.

Wir erwarten fachlich und persönlich viel – dafür bieten wir eine großzügige Einkommensregelung, angenehme Arbeitsplatzatmosphäre, hervorragende Sozialleistungen und einen attraktiven Firmenstandort im Süden Deutschlands.

Fühlen Sie sich angesprochen? Dann bitten wir um Ihre vollständige Bewerbung mit Angabe Ihres frühesten Eintrittstermins unter der Kennziffer AN 2079 an den Anzeigendienst der **SPP Beratung und Training GmbH Burgweg 1, 5330 Königswinter 21**

Sekretärin
des Geschäftsbereichsleiters

Sie sollten den Geschäftsbereichsleiter bei seinen Führungsaufgaben unterstützen und in der täglichen Arbeit tatkräftig entlasten können, dazu sind Erfahrung im Umgang mit Menschen und der Führung eines anspruchsvollen Sekretariats notwendig.

Wir sind ein engagiertes Team in einem stark expandierenden Unternehmen. Sie würden gut zu uns passen, wenn Sie Eigeninitiative und Organisationstalent besitzen, selbständiges Arbeiten gewohnt sind, die englische Sprache in Wort und Schrift sehr gut beherrschen. Der Umgang mit Textverarbeitung und PC sollte für Sie selbstverständlich sein.

Wir bieten Ihnen einen interessanten Aufgabenbereich, ein gutes Arbeitsklima und ein den hohen Anforderungen entsprechendes Gehalt sowie umfangreiche Sozialleistungen.

Wenn Sie an einer verantwortungsvollen, vielseitigen Tätigkeit interessiert sind, senden Sie bitte Ihre Bewerbungsunterlagen mit Lichtbild an:

Sekretärin
mit FS-Kenntnissen und Textsystemerfahrung

Was zählt, ist Ihr Können und Ihr Engagement. Das gilt auch für **Berufsanfänger** oder wenn Sie nach längerer Pause wieder ins Berufsleben zurück möchten.

Wir bieten leistungsgerechte Bezahlung, VWL, Urlaubs- und Weihnachtsgeld.

Sprechen Sie mit mir, auch wenn Sie sich vorab informieren oder erst zu einem späteren Zeitpunkt bei uns beginnen möchten.

Ihre Susanne Schönwetter, Telefon 02 11 / 35 02 92

Pasit GmbH
Bismarckstraße 89
4000 Düsseldorf

	1	2	3
Eigenschaften des Unternehmens			
Leistungen des Unternehmens			
Gewünschte Eigenschaften der Sekretärin			

Wie sollte die Stellenanzeige unseres Unternehmens formuliert sein? Welche Eigenschaften sollte unsere künftige Sekretärin besitzen? Mit welchen Eigenschaften wollen wir unser Unternehmen präsentieren?

Vervollständigen Sie das Inserat, und verwenden Sie dabei außer den nebenstehenden Eigenschaftsbezeichnungen auch die aus den Anzeigen auf Seite 106:

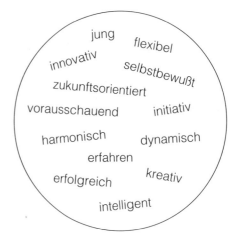

jung flexibel
innovativ selbstbewußt
zukunftsorientiert
vorausschauend initiativ
harmonisch dynamisch
erfahren
erfolgreich kreativ
intelligent

Zur Entlastung unserer Geschäftsführung suchen wir baldmöglichst eine

CHEFSEKRETÄRIN

Ihre **Aufgaben** bestehen in der Leitung des Chefsekretariats, der Koordination der Kontakte und der Terminüberwachung.

Sie sollten

Wir sind

Wir bieten Ihnen

---

8 Stelleninserate enden meistens mit der Aufforderung, die „üblichen Bewerbungsunterlagen" zuzusenden.
Was ist in unserem Fall darunter zu verstehen? Bilden Sie aus dem nachstehenden Material passende Wortzusammensetzungen.
Beachten Sie bei den Wortzusammensetzungen die – leider nur sehr spärlichen – Regeln zur Verwendung des *Fugen-s* bei Substantivkomposita.
Entscheiden Sie, welche Unterlagen unsere Bewerberin mitschicken müßte.

s?

die Bewerbungsunterlagen
_____
_____
_____
_____
_____
_____
_____
_____

die Schrift(-en)
die Publikation(-en)
das Gehalt(-̈er)
das Leben(-)
die Konfession(-en)
das Licht(-er)
der Führer(-) das Einkommen(-)
die Führung(-en)

das Bild(-er)
die Liste(-en)
die Steuererklärung(-n)
die Probe(-n)
das Zeugnis(-se)
der Nachweis(-e)
der Schein(-e)
die Bescheinigung(-en)
der Lauf(-̈e)

Es steht ein **Fugen-s**	Es steht **kein Fugen-s**
○ wenn das Bestimmungswort auf *-tum, -ing, -ling, -heit, -keit, -schaft, -ung, -ion, -tät* endet	○ bei einsilbigen weiblichen Bestimmungswörtern
○ bei *Liebe-, Hilfe-, Armut-, Geschicht-* als Bestimmungswörtern	○ bei zweisilbigen weiblichen Bestimmungswörtern auf *-e*
○ bei substantivisch gebrauchten Infinitiven	○ bei Bestimmungswörtern auf *-el, -er, -sch, -tz, -s, -ß, -ur, -ik*
	○ vor dem Grundwort *-steuer*

9 **Klären Sie die Bedeutung der Wortzusammensetzungen und ergänzen Sie – sofern notwendig – das Fugen-s:**

der Führung___stil(-e)
die Grunderwerb___steuer(-n)
die Staat___bank(-en)
die Kommission___sitzung(-e)
das Fabrik___gelände (Sg.)

der Tätigkeit___nachweis(-e)
die Essen___marke(-n)
der Eigentum___vorbehalt(-e)
die Produktion___steuerung(-en)
der Stellung___suchende(-n)

10 **Was versteht man in Ihrer Heimat unter den „üblichen Bewerbungsunterlagen"? Gibt es Unterschiede zu deutschen Regelungen? Berichten Sie.**

Auf unser Inserat hat sich unter anderem Frau Mühl aus Göttingen beworben. Ihr Anschreiben **11**
enthält im wesentlichen alle Angaben, die für eine erste Information wichtig sind.
Um welche Angaben handelt es sich hierbei? Vervollständigen Sie die Übersicht:

Göttingen, d. 26.6.

Sehr geehrte Damen und Herren,

Bezug nehmend auf Ihr Inserat in der FAZ vom 24.6.
möchte ich mich um die dort ausgeschriebene Stelle einer Chefsekretärin bewerben.
Zur Zeit arbeite ich als Sekretariatsleiterin beim
"Göttinger Boten". Meine Aufgaben bestehen in der Organisation des Schreibbüros sowie in der Kontakt- und
Terminkoordinierung.
Da mein Ehemann bereits in Ihrer Stadt arbeitet, könnte
ich baldmöglichst umziehen und die Stelle in Ihrem Unternehmen antreten. Angesichts unserer künftigen Fami-
lienplanung wäre es schön, wenn ich auch als Teil-
zeitkraft bei Ihnen arbeiten könnte.

Über eine Einladung zu einem Vorstellungsgespräch würde
ich mich sehr freuen.

Mit freundlichen Grüßen

Lebenslauf/Werdegang

1. Persönliche Daten

Name:

geboren:

Nationalität:

Eltern (mit Beruf):

Geschwister:

Familienstand:

Konfession:

2. Schulausbildung

3. Berufsausbildung

4. Werdegang nach der Ausbildung

Kurzes Anschreiben
(maximal eine Seite)

mit

genauer Eigenanschrift:

genauer _____ anschrift:

Bewerbung auf die Anzeige _____
① Anrede _____
② _____
③ _____
④ _____
⑤ _____
⑥ Grußformel _____

12 Wie beurteilen Sie den Wunsch von Frau Mühl, als Teilzeitarbeitskraft – also z.B. mit der Hälfte der regulären Arbeitszeit – beschäftigt zu werden?
Sammeln Sie Argumente, die aus der Sicht des Arbeitgebers dafür bzw. dagegen sprechen. Diskutieren Sie, ob die zu vergebende Stelle einer Chefsekretärin von zwei Personen besetzt werden soll.

PRO:

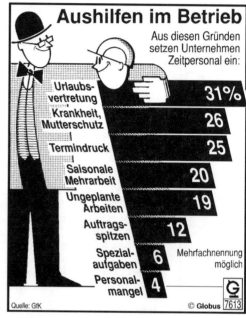

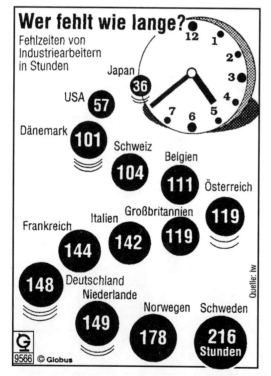

KONTRA:

13 Welche Möglichkeiten der Teilzeitarbeit gibt es in Ihrer Heimat?
Führen Sie in Kleingruppen Interviews durch. Berichten Sie über die Ergebnisse im Plenum.

Die folgenden Absätze eines Artikels über Teilzeitarbeit sind durcheinandergeraten. **14**
Lesen Sie die Absätze zügig. Achten Sie dabei auf verbindende Inhalte. Notieren Sie die richtige Reihenfolge der Absätze.

Flexibilität ist Trumpf
Bereits über eine Viertelmillion Zeitarbeiter
Eingespielte Tarifverträge

A
20 Prozent der jüngst eingestellten Mitarbeiter wurden ihnen neuerdings sogar von den Arbeitsämtern vermittelt, so daß Geschäftsführer Werner Then erwägt: „Nachdem das Vermittlungsmonopol auch von den politischen Parteien immer mehr in Frage
5 gestellt wird, ob wir aufgrund unserer Arbeitsmarktkenntnisse nicht die Erlaubnis zur Arbeitsvermittlung beantragen sollten."

B
Die Randstad GmbH in Eschborn, die inzwischen 25 Jahre lang im deutschen Zeitarbeitsmarkt tätig ist, hat dabei die Erfahrung gemacht, „daß die Arbeitnehmer andere Wertfaktoren für ihre Arbeit
5 suchen als bisher. Sie wünschen sich in der Arbeitswelt mehr Autonomie."

C
Die Zeitarbeit hat es mittlerweile an den Tag gebracht, daß dieser Wunsch nichts mit Mitbestimmung in der Führungsspitze, aber viel mit Selbstbestimmung für den eigenen Arbeitsplatz und vor
5 allem für die eigene Arbeitszeit zu tun hat. Eine Feststellung, die vielen, zumal mittleren Unternehmen, ganz neue Perspektiven erschließen könnte. Die im Bundesverband Zeitarbeit zusammengeschlossenen Zeitarbeitsunternehmen verwahren sich
10 dabei entschieden gegen die nach wie vor auftretenden Gewerkschaftsvorwürfe, daß Zeitarbeitsverträge die Arbeitnehmer ausnutzten. Randstad bietet auf der Basis von Tarifverträgen beispielsweise 30 Arbeitstage bezahlten Jahresurlaub (gewerbliche 26
15 Tage), 34 DM vermögenswirksame Leistungen und Lohnfortzahlung im Krankheitsfall.

D
In der Bundesrepublik sind gegenwärtig 250 000 Arbeitnehmer im Laufe eines Jahres auf 85 000 Arbeitsplätzen beschäftigt, die über Zeitarbeitsunternehmen angefordert werden. Von ihnen, so
5 haben Untersuchungen der Gesellschaft für Konsumforschung in Nürnberg ergeben, wählen 72,4 Prozent diesen „Weg zur Arbeit", da er ihrem Wunsch entspricht, flexibler arbeiten zu können. Daneben spielten die Argumente „um Arbeitslosig-
10 keit zu vermeiden", „um einen sicheren Arbeitsplatz zu haben" sowie „die aufreibende Stellensuche zu umgehen" und auch „um Kontakte mit anderen Firmen zu knüpfen" eine große Rolle.

FAZ, Blick durch die Wirtschaft

Lesen Sie den Text in Hinblick auf die nachstehenden Aussagen noch **15**
einmal. Kreuzen Sie in der jeweils zutreffenden Spalte die Lösung an:

	richtig	falsch
1. Teilzeitarbeit wird häufig gewählt, um Arbeitslosigkeit zu vermeiden.		
2. Ein wichtiges Argument für die Teilzeitarbeit besteht in der größeren beruflichen Selbständigkeit.		
3. Die Zeitarbeitsunternehmen befürchten, daß Ihnen eine Ausnutzung der Arbeitnehmer vorgeworfen werden könnte.		
4. Auch Zeitarbeitsunternehmen halten sich an Tarifverträge.		
5. Bislang haben in Deutschland die Arbeitsämter das Vermittlungsmonopol.		

16 Ein Facharbeiter aus dem Produktionsbereich hat in seiner Monatsabrechnung einen Fehler entdeckt und seine Verdienstbescheinigung an Frau Worst, die Verwaltungsleiterin, weitergegeben. **Sehen Sie sich die Bescheinigung an und vervollständigen Sie die Begriffe in der Übersicht. Erklären Sie mit eigenen Worten den Unterschied zwischen Bruttolohn, Nettolohn und Auszahlungsbetrag.**

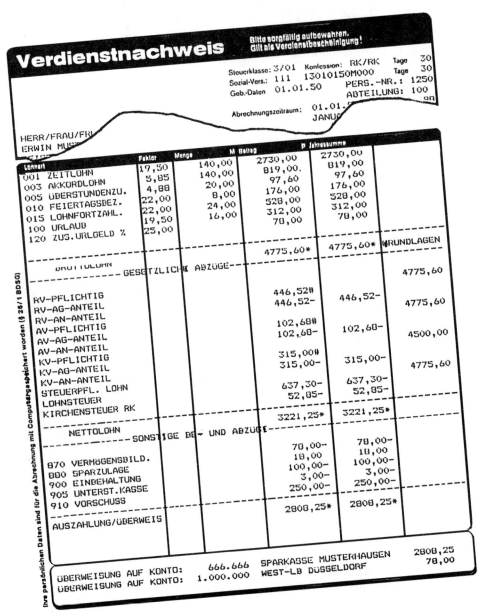

der Zeitl_____	der Ren_____versicherungs-anteil des Arbeit_____	
+ der A_____rdlohn	+ der Arbeitsl_____ver-sicherungsanteil (Arbeitn.)	
+ der Feiertagsbez _____	+ der Kran_____-_____ (Arbeitn.)	+ sonst. Bezüge
+ die Lohnf_____zahlung	+ der Lo_____steuerbetrag	– sonst. Bezüge
+ das Urlaubsg _____	+ der Kir_____steuerbetrag	
_____	_____	_____
= **der Bruttolohn**	= **der Nettolohn**	= **der Auszahlungsbetrag**

Klären Sie die Bedeutung der nachstehenden Wendungen im Gespräch:

1. die rechte Hand von jmdm. sein: _____

2. der ruhende Pol sein: _____

3. die Nase vorn haben: _____

4. einen guten Namen haben: _____

5. andere Tapeten um sich haben wollen: _____

_____

6. auf keinen grünen Zweig kommen: _____

7. mit jmdm. anbändeln: _____

8. ein Krösus sein: _____

9. mit jmdm. im Clinch liegen: _____

Bewerbungsgespräche

Sie hören jetzt Auszüge aus den Bewerbungsgesprächen mit Frau Mülbert (1), Frau Mühl (2) und Frau Alke (3). Die drei Bewerberinnen äußern sich – in der angegebenen Reihenfolge – jeweils nacheinander zu Fragen, die ihnen von Frau Nebach gestellt worden sind.
Wie könnten die Fragen gelautet haben?

1. _____

2. _____

3. _____

Welche der drei Bewerberinnen soll eingestellt werden? Beziehen Sie sich bei Ihrer Argumentation auf die Aussagen der Bewerberinnen.
Bei der Entscheidung zählt der aus dem aktuellen Stand des Unternehmensplanspiels errechnete Stimmenanteil (je 1000,– DM Kapitalanteil eine Stimme).

Übertrag aus Reihe 7:	DM
Punkte aus Test 7 x 1.000:	DM
Punkte aus der Planspielaufgabe x 1.000:	DM
Summe:	**DM**

Reihe 9

Verkaufsorganisation · Messewesen

Telefonkommunikation · Widerruf formulieren

1 Auf Anregung von Herrn Kreberg haben sich Frau Nebach und Herr Härtler entschlossen, die Überraschungsseife auf Messen vorzustellen.

Die Anzahl der Wortzusammensetzungen mit „Messe" als Grund- oder Bestimmungswort ist nahezu unerschöpflich.

Welche Substantivkomposita kennen Sie? Führen Sie ein Brainstorming durch und versuchen Sie, die gefundenen Begriffe (mit Artikelangabe) entweder der Seite der Messeorganisatoren oder der Seite der Aussteller zuzuordnen:

die Messeorganisation (Sg.):   der Aussteller(-):

die Messe, -n

2 **Ergänzen Sie die Endungen und die passenden Verben in der richtigen Form:**

Man _____ verschieden_____ Messetypen, nämlich Universal- und Fachmessen. An den großen deutschen Messestandorten wie Düsseldorf, Frankfurt, Hannover, München oder Leipzig werden sowohl Fach- als auch Universalmesse_____ _____. Die wichtigsten Partner bei der Messedurchführung sind die Messegesellschaft auf der einen und die Aussteller auf der anderen Seite. Die Aufgaben d_____ Messegesellschaft bestehen vor allem darin, d_____ Messetermin _____, e_____ Messeprogramm zu _____ _____ und d_____ Messehalle(n) in verschieden große Messestände _____. Die Aussteller _____ natürlich ein ganz bestimmt_____ Messeziel und werden ihre Messebeteiligung davon abhängig _____, ob man glaubt, daß überhaupt ei_____ Messeerfolg _____ werden kann. Wenn sie sich für eine Messebeteiligung entschieden haben, werden sie als erstes ein_____ Messekalkulation _____. Danach wird ein_____ Messebaufirma mit der Konzeption des Standes _____. Zur gleichen Zeit beginnt man in der Regel damit, d_____ Messegut _____ und das Messepersonal zu _____, damit d_____ Messebesucher später gut _____ werden können.

einteilen
betreuen
beauftragen
erarbeiten
unterscheiden*   schulen
durchführen   festlegen
auswählen   machen
erzielen   verfolgen
aufstellen

Ergänzen Sie in Übung 1 die in Ihrem Brainstorming nicht genannten Komposita sowie die dazugehörigen Verben aus Übung 2. **3**

Erklären Sie die unterstrichenen Begriffe des Lexikonartikels aus dem Kontext. Ordnen Sie die unten angeführten Messen der Übersicht zu. **4**

Messe. 1. *Begriff:* Veranstaltung mit Marktcharakter, die ein umfassendes Angebot mehrerer Wirtschaftszweige oder eines Wirtschaftszweiges bietet; i.a. in regelmäßigem <u>Turnus</u> einmal oder mehrmals am gleichen Ort. Verkauf auf-
5 grund ausgestellter Muster für den Wiederverkauf oder für gewerbliche Verwendung. Zutritt haben hauptsächlich nur Einkäufer; <u>Letztverbraucher</u> können gem. § 64 GewO in beschränktem Umfang an einzelnen Tagen während bestimmter Öffnungszeiten zugelassen werden. Abgren-
10 zung zur → Ausstellung fließend. – 2. *Gliederung* der M. (*Messetypologie*) nach unterschiedlichen Gesichtspunkten (vgl. untenstehende Abbildung); u.a. nach Themenbezug: (1) <u>*Universalmesse*</u>: Umfaßt eine Reihe von Branchen, Funktions- und Themenbereiche; (2) <u>*Fachmesse*</u>: Auf einen
15 Herstellungs-, Funktionsbereich oder auf ein bestimmtes Thema spezialisiert. – 3. *Durchführung:* M. werden i.d.R. durch → Messegesellschaften organisiert. – 4. Hinsichtlich einer *Messebeteiligung* stellt sich die Frage nach dem für die Präsentation der Leistungen des Unternehmens auf dem
20 Hintergrund der Marketing- und Verkaufsförderungsziele günstigsten <u>Messeumfeld</u> sowie die Erreichbarkeit potentieller Zielgruppen durch einen Messetyp bzw. eine konkrete Messe. Relevant sind außerdem <u>Verbundeffekte</u> mit anderen Instrumenten, wie Kongresse, Symposien oder
25 Tagungen.

Gabler Wirtschafts-Lexikon

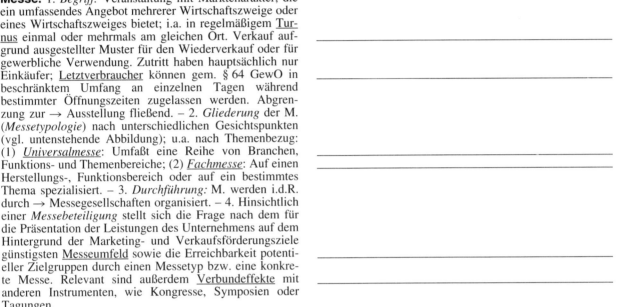

Messetypologie

PacPro
Internationale Messe Packmittelproduktion
Maschinen – Materialien – Verfahren
International Trade Fair for the production and processing of packaging materials
Machinery – Materials – Processes
Salon International de la Production de Moyens d'Emballage, Machines – Matériaux – Procédés

West-Antique
Westdeutsche Frühjahrs-Antiquitätenausstellung

Gahofa
Fachschau für das Gaststätten- und Hotelgewerbe NRW

METAV
... der Markt für Metallverarbeitung
Ausstellung für Fertigungstechnik u. Automatisierung
... the Market for Metalworking.
Exhibition for Manufacturing Technology and Automation
... le Marché de l'Usinage des Meteaux. Exposition des Techniques de Production et d'Automatisation

MTQ Int. Fachmesse für Messen und Prüfen in der Qualitätssicherung

Dortmunder Herbst Verbraucher-Ausstellung mit Westf. Baumarkt

Interschul Europäische Bildungsmesse mit Fachteil „Berufliche Qualifizierung"

räumlicher Bezug / Themenbezug		Universalmessen (Mehrbranchenmessen)	Fachmessen		
			Branchenorientierte Messen	Funktionsorientierte Messen	Themenbezogene Messen
räumlicher Bedeutungsumfang	regionale Messen				
	nationale Messen				
	internationale Messen				
Standort der Messe	Inlandsmessen	✗	✗	✗	✗
	Auslandsmessen	—	—	—	—
räumliche Mobilität	stationäre Messen	✗	✗	✗	✗
	mobile Messen	—	—	—	—

Gabler Wirtschafts-Lexikon

5 Frau Nebach und Herr Härtler haben vor ihrer Entscheidung, auf einer Messe auszustellen, lange über das Für und Wider einer Messebeteiligung diskutiert. Für eine Beteiligung sprachen nachstehende Argumente.
Ergänzen Sie – den angegebenen Sprechintentionen entsprechend – die fehlenden nebensatzeinleitenden Elemente (vgl. S. 84):

Wir sollten uns an einer Messe beteiligen,

_____ wir unsere Seife dann einem breiten Fachpublikum vorstellen können. (*begründen*)

_____ wir die Reaktion unserer Konkurrenz kennenlernen. (*einen Zweck ausdrücken*)

_____ die Kosten für einen Messestand sehr hoch sind. (*etwas einschränken*)

_____ Produktionsaufträge zu erhalten. (*einen Zweck ausdrücken*)

_____ die Mittel aus unserem Werbebudget ausreichen. (*eine Bedingung formulieren*)

_____ die Aktionen auf unserem Testmarkt abgeschlossen sind. (*ein Zeitverhältnis ausdrücken*)

_____ uns Frau Artmann ja schon vor längerer Zeit empfohlen hat. (*etwas erläutern*)

_____ wir mit Messebesuchern rechnen können. (*Bedingung*)

_____ für uns als potentielle Kunden wichtig sind. (*etwas erläutern*)

6 Nachstehend sind einige der häufigsten Besucher- und Ausstellergruppen bei Messen genannt. **Wie lassen sie sich voneinander abgrenzen?**

a) der Fachhandel: _____

   der Einzelhandel: _____

   der Großhandel: _____

b) der Hersteller(-): _____

   der Importeur(-e): _____

   der Handelsvertreter(-): _____

7 In einem Messekalender hat Herr Kreberg mehrere Veranstaltungen entdeckt, die für eine Präsentation unserer Überraschungsseife wichtig sein könnten.
Bestimmen Sie mit Hilfe der Hinweise in Übungen 2 und 4, welchen Messetypen die jeweiligen Veranstaltungen zugeordnet werden können.
Diskutieren Sie die Vor- und Nachteile der einzelnen Messen in Hinblick auf die Präsentation der Überraschungsseife. Entscheiden Sie, zunächst ohne Berücksichtigung der Kosten, an welcher Messe sich unser Unternehmen beteiligen soll.

DÜSSELDORF
BEAUTY
Internationale Fachmesse für Kosmetik mit Nail-Design
International Trade Fair for Cosmetics

Turnus: Jährlich
Ort: Alte Messe-Stadthalle
Zielsetzung/Sektoren: Umfassendes Angebot des Kosmetikmarktes: pflegend und dekorativ, Behandlungskosmetik, technische Geräte, Ladenbau, Bijouterie-Artikel
Zugelassen für: Fachbesucher
Nettostandfläche: (1993, Geprüft: Nein) Insgesamt: 20 000 qm
Aussteller/Struktur: (1993, Geprüft: Nein) Inland: 252, Ausland: 97, Industrie, Vertrieb, Handel, Im- und Export
Besucher/Struktur: (1993, Geprüft: Nein) Inland: 14 052, Ausland: 4120, Parfümerien, Kosmetikinstitute, Drogerien, Fußpflege und Massage, Apotheken, Schönheits-Center, Solarien, Kosmetikschulen, Im- und Export, Industrie.
Strukturanalyse verfügbar
Veranstalter: WK International Kosmetik-Marketing GmbH, Ringstr. 52, 83355 Grabenstätt. Tel. 0 86 61/12 24, Telefax 0 86 61/14 50 **Projekt-/Technischer Leiter:** Ulrike Meuer

ZÜRICH
KOSPAFU
Internationale Fachmesse für Kosmetik, Parfümerie und Fußpflege
International Exhibition for Cosmetics, Perfumery and Foot Care

Turnus: Alle 2 Jahre
Ort: Züspa-Messegelände Zürich-Oerlikon
Zielsetzung/Sektoren: Produkte und Geräte für Kosmetik, Parfümerie und Pediküre
Zugelassen für: Fachbesucher
Nettostandfläche: (1994, Geprüft: Nein) Insgesamt: 2124 qm
Aussteller/Struktur: 1994, Geprüft: Nein) Insgesamt 82
Besucher/Struktur: (1994, Geprüft: Nein) Insgesamt 4174, Einkäufer der Schweiz
Veranstalter: ZÜSPA, Internationale Fachmessen und Spezial-Ausstellungen, Thurgauer Str. 7, 8050 Zürich. Tel. 01/3 11 50 55, Telex 8 23 276, Telefax 01/3 11 97 49
Vertretung: Albert Ellwanger, Margaretenstr. 4, D-70358 Stuttgart, Tel. 07 11/33 56 29

MÜNCHEN
BIJOUTEX
Fachausstellung für Modeschmuck, Modeaccessoires, Boutiquemoden, Drogerie- und Geschenkartikel
Trade Exhibition for Costume Jewellery, Fashion Accessories, Young Fashion, Chemist's Articles and Gifts

Turnus: Halbjährlich
Ort: Messegelände
Zielsetzung/Sektoren: Ordermesse für den Fachhandel der Branchen Drogerie, Modeschmuck, Boutique- und Bademoden, Natur und Gesundheit, Geschenkartikel, Weihnachts- und Osterdekoration
Zugelassen für: Fachbesucher
Nettostandfläche: (1993, Geprüft: Nein) Inland 5200 qm, Ausland: 700 qm
Aussteller/Struktur: (1993, Geprüft: Nein) Inland: 179, Ausland: 48, Hersteller, Großhändler, Importeure, Handelsvertreter
Besucher/Struktur: (1993, Geprüft: Nein) Inland: 3100, Ausland: 250, Facheinkäufer des Einzel- und Großhandels der beteiligten Branchengruppen
Veranstalter: Heinz Kohl Fachausstellungen GmbH, Postfach 13 04, 73645 Winterbach, Tel. 0 71 81/70 09 54, Telex 71 81 27

FRANKFURT
Internationale Frankfurter Messe
Internationale Fachmesse für Konsumgüter
International Trade Fair for Consumer Goods

Turnus: Halbjährlich
Ort: Messegelände
Zielsetzung/Sektoren: Glas, Porzellan, Keramik, feine Metallwaren, Hausrat, Kunsthandwerk und Kunstgewerbe, Wohndekor, Beleuchtungskörper und Leuchten, Kleinmöbel, Papier, Bürobedarf, Schreibwaren, Schmuck, Uhren, Raucherbedarfsartikel, Parfümerie-, Dorgerie- und Friseurbedarf, Werbeartikel, Fachverlage
Zugelassen für: Fachbesucher
Nettostandfläche: (1993 Frühjahr, Geprüft: FKM) Inland: 103 433 qm, Ausland: 40 596 qm
Aussteller/Struktur: (1993 Frühjahr, Geprüft: FKM) Inland: 2645, Ausland 1827, Hersteller
Besucher/Struktur: (1993 Frühjahr, Geprüft: FKM) Inland: 85 796, Ausland: 26 988, Fach-, Einzel- und Großhandel mit Umsatzschwerpunkt aus dem Ausstellungsangebot.
Strukturanalyse verfügbar
Veranstalter: Messe Frankfurt GmbH, Postfach 97 01 26, 60327 Frankfurt, Tel. 0 69/7 57 50, Telex 411 558, Teletex 69 97 95 10, Telefax 0 69/5 75 64 33, Btx 21 979
Projekt-/Technischer Leiter: Dipl.-Ing. Walter Heufer

MESSETYPEN:

Düsseldorf:

Frankfurt:

München:

Zürich:

8 Nachdem die Entscheidung für den Messeort gefallen ist, ruft Herr Kreberg bei dem Veranstalter an, um sich nach den Anmeldebedingungen zu erkundigen. Herr Kreberg ist am Telefon nicht sehr gewandt.
Diskutieren Sie, wie seine Ausdrucksweise auf den jeweiligen Gesprächspartner wirkt. Finden Sie bessere Formulierungen:

Knoll: Expo-Messegesellschaft, Knoll am Apparat.

Kreberg: Kreberg hier. Tag Fräulein, Ich möchte gerne Ihren Chef sprechen.

_____

_____

Knoll: Der ist leider nicht im Hause.

Kreberg: Wann ist er denn 'mal da?.

_____

Knoll: Das kann ich Ihnen nicht genau sagen. Aber worum geht es denn?

Kreberg: Na ja, wir wollen uns an der Messe beteiligen, und ich muß da einige Informationen haben. Aber davon haben Sie ja wahrscheinlich auch keine Ahnung, oder?

_____

_____

Knoll: Ich kann Ihnen gerne unsere Informationsbroschüre sowie ein Anmeldeformular zuschicken. Könnten Sie so nett sein, und mir Ihre Adresse durchgeben?

Kreberg: Ich gebe Sie an meine Sekretärin weiter. Die kann das dann machen. Wiederhören.

_____

_____

Die häufigsten Fehler beim Telefonieren

Der größte Fehler, der beim Telefonieren gemacht wird, liegt wohl in der *Gleichgültigkeit* begründet und kann mit *Desinteresse* bezeichnet werden. Wer nicht interessiert ist, kann auch nicht *überzeugend* telefonieren. Aus Mangel an Interesse resultieren dann schon weitere Hauptfehler wie
- mangelnde Vorbereitung
- unfreundliche Begrüßung
- unhöfliche Knappheit
- Ungeduld
- vorschnelles Auflegen

Daraus resultieren natürlich weitere Fehler, die mit der Grundhaltung in Verbindung stehen, nämlich
- keine namentliche Anrede
- geringe Anteilnahme
- unzureichende Fragetechnik
- lange Aktensuche

Daß es nicht bei diesen Fehlern bleiben muß, kann man sich vorstellen, wenn man an die verschiedenen *Temperamente* denkt, die, wenn sie nicht gezügelt werden, verantwortlich sein können für
- Mangel an Beherrschung
- Abreagieren von Ärger
- Kritiksucht
- Rechthaberei
- provozierendes Widersprechen

Es gibt natürlich nicht nur Fehler, die aus der *Aggressivität* resultieren. Es kann auch umgekehrt sein, und dann kommt es zu
- unsicheren Antworten
- Empfindlichkeit bei Kritik
- fehlendem Mut, zu unterbrechen
- leisem Sprechen
- überfreundlichem Sprechen

B. Amblel/H. Schwalbe,
Besser telefonieren · mehr verkaufen

Führen Sie in Zweiergruppen ähnliche Telefongespräche durch. Die Situationen sind dabei jeweils ein wenig verändert:

a) Herr Kreberg hat schon häufiger mit Frau Knoll telefoniert.

b) Frau Knoll teilt Herrn Kreberg mit, daß die Anmeldefrist bereits um eine Woche überschritten ist. Herr Kreberg möchte dennoch an der Messe teilnehmen.

Nehmen Sie die Gespräche mit einem Kassettenrecorder auf. Diskutieren Sie die Ergebnisse im Plenum.

Internationales Congress Centrum ICC Berlin und Messe Berlin

Wortstellung im Mittelfeld

Im Gegensatz zu der eindeutigen Regelung für die Verbpositionierung in deutschen Haupt- und Nebensätzen gibt es für die Wortstellung im Mittelfeld (Position III) kaum feste Regeln. Es gibt jedoch einige Hilfen und Anhaltspunkte:

1. Ergänzungen und Angaben, die im Mittelfeld stehen, können mit Ergänzungen und Angaben des Vorfelds getauscht werden.
2. Unbetonte Personalpronomen stehen links, also direkt rechts neben dem Verb (Position II). Erscheinen mehrere Personalpronomen im Mittelfeld, so ist die Reihenfolge **Nominativ-Akkusativ-Dativ (NAD).**
3. Unbetonte Personalpronomen (Ergänzungen) stehen vor betonten und bestimmten Pronomen oder Substantiven.
4. Bei der Stellung von Angaben kann die Reihenfolge **temporal-kausal-modal-lokal** als Anhaltspunkt für die Wortstellung gelten **(TEKAMOLO).**

Die Wortstellung im Mittelfeld ist bei Haupt- und Nebensätzen im großen und ganzen gleich.

I	II	III	IV
1. **Herr Kreberg** **Gestern**	hat hat	**gestern** Frau Knoll **Herr Kreberg** Frau Knoll	angerufen. angerufen.
2. Heute	hat	**er es ihr**	mitgeteilt.
3. Heute	hat	**Herr Kreberg Frau Knoll ein Telefax**	geschickt.
4. Heute	hat	**er ihr ein Telefax**	geschickt.
5. Herr Kreberg	ist	**gestern wegen des schönen Wetters** **früher nach Hause**	gegangen.

9 Ergänzen Sie die passenden Konjunktionen, und bilden Sie mit dem Wortmaterial vollständige Sätze:

a) Die Resonanz auf den Testmarkt war gut, _____

_____

nicht / das Spielzug / in der Seife / alle Kinder / gefallen

b) auf dem Testmarkt gute Ergebnisse erzielt worden sind, _____

_____

die Überraschungsseife / möglichst bald / sollen / präsentieren / auf einer Messe

c) _____ die Messe erfolgreich verlaufen sollte, _____

_____

können / unser Unternehmen / nächstes Jahr / an / teilnehmen / eine Messe / im Ausland

d) _____ eine positive Wirkung auf die Messebesucher ausüben zu können,

_____

_____

bekommen / von Bedeutung sein / ein Messestand / mit / ein günstiger Hallenstandort

10 Für die Standausstattung hat Herr Kreberg ein maximales Budget von 2250,– DM vorgesehen. Es sind Standgrößen von 9 m², 12 m² und 15 m² möglich.
Wie groß soll der Stand sein, welche Ausstattung soll er haben?
Klären Sie die Bedeutung der einzelnen Begriffe ggf. mit Hilfe des Wörterbuchs. Diskutieren und entscheiden Sie!

	Preis zuzügl. MwSt. 1–3 Tage	ab 4 Tage DM
Polsterstuhl, schwarz	45,00	54,00
Stahlrohr-Polsterstuhl, verchromtes Gestell, blaues oder graues Stoffpolster	20,00	25,00
Regiestuhl, weiß	15,00	19,00
Klappstuhl, weiß	12,00	16,00
Gitterklappstuhl mit Sitzpolster, weiß oder rot	12,00	16,00
Swing-Stuhl, Leder weiß, grau, schwarz	32,00	39,00
weißer Kunststoff-Stapelstuhl, rot, blau, braun oder anthrazit gepolstert	18,00	24,00
weißer Kunststoff-Stapelstuhl, mit Armlehne, rot, blau, braun oder anthrazit, gepolstert	22,00	29,00
Klappstuhl, Chromrahmen, Sitz und Rücken Plexiglas, rauch oder glasklar	23,00	27,00
Klappstuhl, Chromrahmen, Sitz und Rücken Kunststoff, weiß	23,00	27,00

	Preis zuzügl. MwSt. 1–3 Tage	ab 4 Tage DM
weißer, runder Kunststofftisch, Ø 60 cm, Höhe 72 cm		
beiger runder Kunststofftisch, Ø 90 cm, Höhe ca. 70 cm	32,00	39,00
Tisch, Chromgestell mit weißer Kunststoff-Platte, 70×70 cm, 72 cm hoch	35,00	43,00
Tisch wie vorstehend, jedoch 110×70 cm, 72 cm hoch	31,00	38,00
Tisch, Chromgestell mit Rauchglasplatte, 75×75 cm, 73 cm oder 36 cm hoch	37,00	45,00
	36,00	44,00

Fertigstand-Ausstattung und Einrichtung zum DM/m²-Preis incl. Standflächenmiete	Typ A	Typ B	Typ C	Typ D
Teppichboden, Rips, Farbe nach Wahl, verlegen und wieder aufnehmen	■	■	■	■
Wände mit grauer Tapete tapeziert	■	■		
Wände aus System F + T, Farbe nach Wahl, alternativ Mero weiß			■	■
Kabine 2x2 m, mit abschließbarer Tür		■	■	■
Deckenraster, 1 m breit, System Mero	■	■		
Deckenrandraster, 1 m umlaufend Mero oder F + T			■	
Komplettdecke aus System Mero mit weißen Füllungen oder System F + T mit Kleinraster				■
Schriftblende, 2,00x0,40 m, weiß, inkl. Beschriftung mit Firmennamen, 12,5 cm hoch, schwarz, Ort	■	■		
Schriftblende, 5,00x0,40 m, weiß, inkl. Beschriftung wie vor			■	■
Elektrohauptanschluß, 3,3 kW, mit Schukosteckdose, Standerdung, 5 Strahler	■	■		
7 Strahler			■	
10 Strahler				■
1 Tisch, 4 Stühle	■			
1 Garderobenleiste	■	■	■	■
2 Tische, 8 Stühle oder: 1 Tisch, 4 Stühle, 3 Regale		■	■	■
Infotheke, 2,00x1,00 m, oder: Tischvitrine, 2,00x1,00 m, oder: Hochvitrine, ca. 1,00x1,00x 2,00 m, oder: 3 Podeste, 1,00x1,00x0,50 m			■	■
DM/m²	135,–	165,–	225,–	250,–

A

B

C

D

11 Zusätzlich zur normalen Standausstattung möchte Herr Kreberg gerne eine Messeküche mit Kühlschrank, Spüle und Kochplatte mieten.
Klären Sie zunächst die Bedeutung der nachstehenden Begriffe. Lesen Sie danach die „Mietbedingungen" in maximal drei Minuten und entscheiden Sie, welchen Absätzen die aufgeführten Überschriften zugeordnet werden müssen.

die Nebenabrede(-n): _____

der Transportsatz(-e): _____

der Materialverschnitt(-e): _____

das Inkasso (Sg.): _____

Lieferung und Rückholung
Zahlungsweise und Fälligkeit
Mietzeit
Mietpreise

Mietbedingungen

Für alle Geschäfte gelten unsere Bedingungen. Entgegenstehende Bedingungen des Bestellers werden hiermit zurückgewiesen. Abweichungen oder Nebenabreden werden nur durch unsere schriftliche Bestätigung wirksam. Nur schriftlich von uns bestätigte Bestellungen haben Gültigkeit.

> _____

5 Das Mietgut wird nur für den vereinbarten Zweck und die vereinbarte Zeit (Dauer der Veranstaltung) zur Verfügung gestellt. Der Vermieter ist berechtigt, eine zusätzliche Miete in Rechnung zu stellen, soweit das Mietgut nicht spätestens 4 Tage nach Veranstaltungsschluß dem Vermieter wieder zur Verfügung steht.

> _____

Die Preise gelten für die Dauer der vereinbarten Benutzung aufgrund der jeweils gültigen Preis-
10 liste. Im Mietpreis sind die Kosten für die Anlieferung und die Rückholung des Mietgutes innerhalb des Messegeländes enthalten. Bei Lieferungen außerhalb des Messegeländes werden die derzeit geltenden Transportsätze neben der Miete berechnet. Bei Bodenbelägen sind die Kosten für das Verlegen und das eventuell notwendige Verkleben im Mietpreis enthalten. Voraussetzung ist allerdings, daß die zu verlegende Standfläche frei und sauber ist. Soweit mit Auf-
15 tragserteilung nicht ausdrücklich anders vereinbart worden ist, erklärt sich der Mieter damit einverstanden, unvermeidlichen Verschnitt um Säulen, Aufbauten oder Maschinen unabhängig von der Miete zum Wiederbeschaffungspreis zu zahlen.

> _____

Die im Prospekt angegebenen Preise sind Nettopreise. Die am Tag der Lieferung gesetzlich vorgeschriebene Mehrwertsteuer ist hinzuzurechnen. Unsere Mietpreise sind ohne jeden Abzug
20 zahlbar. Der Mietpreis wird bei Rechnungslegung, spätestens bei Anlieferung des Mietgutes fällig. Es wird ein Inkasso am Stand vorgenommen. Direktaufträge vor und während der Messe sind bei Auftragserteilung bar zu zahlen.

> _____

Für die im Prospekt angegebenen Maße, Formen und Farben behält sich der Vermieter zweckdienliche Abweichungen vor. Die Auslieferung aller Aufträge ohne Terminangabe erfolgt so
25 rechtzeitig, daß das Mietgut zu Beginn der Veranstaltung zur Verfügung steht. Der Mieter hat das Mietgut sorgfältig zu behandeln. Das Mietgut ist nach Veranstaltungsschluß abholbereit zur Verfügung zu stellen. Das Mietgut wird schnellstmöglich nach Veranstaltungsschluß zurückgeholt.

Im Abschnitt „Zahlungsweise und Fälligkeit" werden verschiedene feststehende Wendungen genannt, die üblicherweise auch am Fuß einer Rechnung als Zahlungsmodalitäten erwähnt werden. **Welche? Notieren Sie:**

_____ _____

_____ _____

Mietbedingungen:

Herr Kreberg informiert sich bei einem anderen Mietmöbel-Anbieter nach dessen Mietkonditionen. Sie weichen in drei Punkten von den Mietbedingungen der Expo-Mietmöbel GmbH ab.
In welchen? Notieren Sie nach dem zweiten Hören Stichworte:

1. _____

_____

2. _____

_____

3. _____

_____

Welche Bedeutung haben die jeweils letztgenannten Begriffe im Vergleich zu den erstgenannten? Bilden Sie Beispiele, und kreuzen Sie die zutreffenden Spalten in der Tabelle an: **12**

rosten – **ent**rosten: _____

leeren – **ent**leeren: _____

reißen* – **zer**reißen*: _____

brechen* – **zer**brechen*: _____

gefallen* – **miß**fallen*: _____

stören – **ent**stören: _____

stehen* – **ent**stehen*: _____

gelingen* – **miß**lingen*: _____

	ent-	zer-	miß-
etwas erweist sich als negativ			
etwas wird vollständig getan			
etwas wird getrennt/abgesondert			
ein Vorgang beginnt			
ein Vorgang wird aufgehoben			

13 *er-, be-, ver-, ent-, zer-* oder *miß-?*

Ergänzen Sie in dem nachstehenden Gespräch zwischen Herrn Kreberg und Frau Nebach die fehlenden Vorsilben.
Vgl. auch S. 82, (Übung 8).

Nebach: Haben sie den Organisationsplan für die Messe schon _____arbeitet, Herr Kreberg?

Kreberg: Nein, so schnell geht es nun auch wieder nicht. ich habe schon viele Ideen gehabt und wieder _____werfen müssen, weil wir nicht genügend Mitarbeiter haben, die wir mit der Messedurchführung _____auftragen können.

Nebach: Wieso? Wir haben doch niemanden _____lassen?

Kreberg: Das stimmt. Aber, allein in meiner Abteilung fehlen drei Mitarbeiterinnen, weil sie in nächster Zeit ein Kind _____warten. Und das kann auch den besten Plan _____stören.

Nebach: Dann müssen wir Zeitarbeitskräfte einstellen, um die Situation zu _____spannen. Denn _____lingen darf die Messe auf keinen Fall.

14 Unser Unternehmen hat einen der kleinen Messestände gemietet.
Welche Lage soll gewählt werden? Sehen Sie sich den Hallenplan an, suchen Sie sich den Ihrer Meinung nach am günstigsten gelegenen Stand aus, und begründen Sie Ihre Meinung. Verwenden Sie dabei die angegebenen Redemittel.

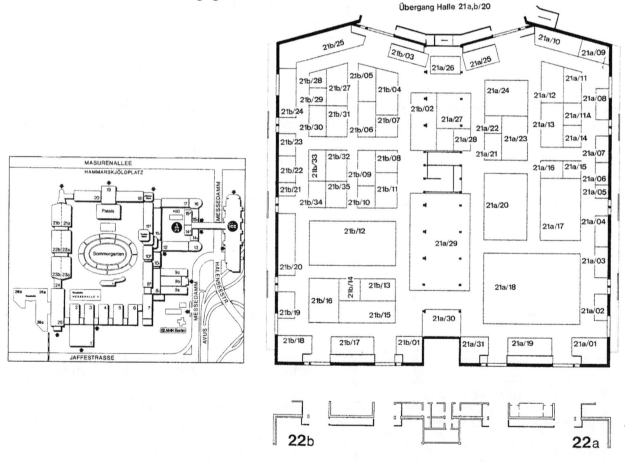

Im Blickfang liegen / sich an zentraler Stelle befinden / verdeckt liegen / eine günstige Lage haben / abseits vom Besucherstrom liegen / abseits vom Geschehen liegen / die Aufmerksamkeit der Besucher auf sich ziehen

15

Ergänzen Sie in der Legende zum Grundriß unseres Messestandes die zutreffenden Zahlen aus der Zeichnung:

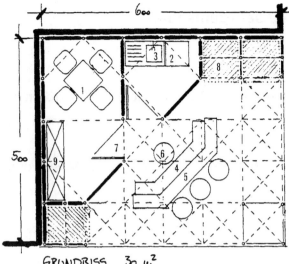

GRUNDRISS 30 m²

Legende

_____ : die Schriftblende(-n)
_____ : das Regal(-e)
_____ : die Infotheke(-n)
_____ : der Hocker(-)
_____ : die Spüle(-n)
_____ : die Falttür(-en)
_____ : die Sitzgruppe(-n)
_____ : der Kühlschrank(∸e)
_____ : die Abstellmöglichkeit(-en)

Fassen Sie den nachstehenden Brief in Ihrer Muttersprache zusammen.

16

Aussteller - Rundschreiben

An alle Aussteller

Sehr geehrte Damen und Herren,

beigefügt erhalten Sie die Zulassung, die Rechnung, einen Hallenplan, eine Standskizze sowie die Technischen Richtlinien und
Bestellformulare zur diesjährigen KOSPAFU. Wir bitten Sie, uns
die Formblätter schnellstens (Formblatt 1 und Grundrißskizze bitte
mit Plazierungsangaben) ausgefüllt zurückzusenden, um eine termin-
gerechte Bearbeitung Ihrer Aufträge sicherstellen zu können.

Besonders dürfen wir auf die Änderungen in den Technischen Richtlinien in bezug auf Standüberdachung und Sprinkleranlagen (3.2)
sowie zweigeschossige Bauweise (3.7) hinweisen.

Diese Informationen mit Anlagen sind Bestandteile der Technischen
Richtlinien und somit für alle Aussteller verbindlich.

Mit freundlichen Grüßen

- Fritz Brinkmann -   - Andreas Schwenke -

Anlage(n):
- Zulassung, Rechnung, Hallenplan, Standskizze
- Ansprechpartner der Messe Düsseldorf
- Daten für den Auf- und Abbau sowie der Laufzeit
- Preise für Ausstellerausweise und Parkkarten
- Ausstellungsversicherung

Beantworten Sie den Brief mit den Angaben aus den Übungen 14/15 auf deutsch.

17

HV 16   Messeorganisation

Sie sind bei Herrn Härtler eingeladen und hören ein Telefongespräch, das er mit Herrn Kreberg führt. Sie können zwar nur verstehen, was Herr Härtler sagt, aber es ist relativ leicht, auch auf den Inhalt der Äußerungen von Herrn Kreberg zu schließen.
Beantworten Sie nach dem ersten Hören die folgenden Fragen:

a) Zu welcher Tageszeit und an welchem Ort erreicht Herrn Härtler der Anruf?

b) Welche Probleme sind bei der Messevorbereitung aufgetreten?

c) Welche Mitteilung bezeichnet Herr Härtler als „interessant"?

Hören Sie das Gespräch ein zweites Mal, und kreuzen Sie diejenigen Aussagen an, die Ihrer Meinung nach mit dem Gesprächsinhalt übereinstimmen könnten (teilweise gibt es mehrere Möglichkeiten).

a) *Der Anruf erreichte Herrn Härtler*
  ☐ nachmittags
  ☐ abends vor 23 Uhr
  ☐ abends nach 23 Uhr

b) *Das Firmenzeichen*
  ☐ ist noch rechtzeitig am Stand angebracht worden
  ☐ fehlt nur noch bei unserem Unternehmen
  ☐ fehlt auch noch bei anderen Unternehmen

c) *Die Plakate für die Überraschungsseife*
  ☐ hat Herr Härtler zu spät in Auftrag gegeben
  ☐ sind gedruckt und von Herrn Kreberg aufgehängt worden
  ☐ sind noch nicht gedruckt
  ☐ sind bereits gedruckt und werden rechtzeitig aufgehängt

d) *Vertreter der Presse*
  ☐ haben sich bislang nur aus der Bundesrepublik angekündigt
  ☐ werden auch aus Österreich und Finnland erwartet
  ☐ sollen auch nach Österreich und Finnland fahren
  ☐ sollen die Überraschungsseife auch im Ausland absetzen.

18   Herr Kreberg hat Standbesuch von einem ausländischen Händler, der an der Überraschungsseife interessiert ist und gerne eine größere Menge ordern möchte. Herr Kreberg erklärt ihm zunächst die Eigenschaften der Überraschungsseife und tritt dann in ein Verkaufsgespräch ein.
Spielen Sie die Szene!

Unter
nehmens
plan
spiel

Ist der von Ihnen in Übung 7 gewählte Messeort der in bezug auf den Unternehmensstandort nächstgelegene? Wenn nicht, ziehen Sie von Ihrem Guthaben bitte 2 000,– DM für zusätzliche Fahrtkosten und Spesen ab.

Übertrag aus Reihe 8:	DM
Abzug:	DM
Punkte aus Test 8 x 1000:	DM
Punkte aus der Planspielaufgabe x 1000:	DM
Summe:	**DM**

Reihe 10

Absatzlogistik · Transport

Anfrage · Mängelrüge · Lieferbedingungen formulieren

1 Bei dem Vertrieb von Waren unterscheidet man zwischen **direkten** und **indirekten Absatzwegen**. Der übliche Weg – auch für unsere Überraschungsseife – führt über den Groß- und Einzelhändler zum Konsumenten.

Wie würde ein Direktabsatz funktionieren? Welche Argumente könnten dafür sprechen, für den Vertrieb unserer Seife auch den direkten Absatzweg zu wählen? Was spricht eher dagegen?

Notieren Sie zu den nachstehenden Stichpunkten Argumente. Diskutieren Sie unter Berücksichtigung der Redemittel auf S. 8 und führen Sie für unser Unternehmen eine Entscheidung herbei.

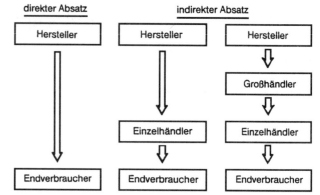

	direkter im Gegensatz zum indirekten Absatz:
die Vertriebskosten:	
die Handelsspanne:	
der Kundenkontakt:	
Einfluß auf die Produktpräsentation:	

Ihre Vorteile durch unseren Direktvertrieb sind:
- **individuelle Beratung**
- **werksfrische Qualitätsprodukte**
- **Lieferservice frei Haus**
- **problemlose Rücknahme der Leergebinde**

Sauberkeit und noch ein bißchen mehr

Heute kann sich der Verbraucher im Supermarkt, in der Drogerie, im Einzelhandelsgeschäft mit Wasch- und Reinigungsmitteln versorgen. Aber es geht auch einfacher und bequemer: über eine Bestellung beim Außendienst des HAKA-WERKs kommen die gewünschten Produkte ins Haus. Die Idee, Wasch- und Reinigungsprodukte direkt in die Haushalte zu bringen, wurde 1946 in Waldenbuch geboren. Wilhelm Schlotz gründete das Unternehmen HAKAWERK, das mittlerweile mehrere tausend Mitarbeiter im Außendienst beschäftigt. Wilhelm Schlotz entwickelte auch den Universalreiniger NEUTRALSEIFE. Heute umfaßt das Sortiment sechzig Produkte zum Waschen, Reinigen und für die Körperpflege. Sie werden im Verbraucherhaushalt durch sachkundige Mitarbeiter vorgestellt und erläutert. Bedeutender Teil des Services ist seit Firmengründung die Kundenberatung. Bei der Konzeption von Produkten wird auch die Verpackung mitberücksichtigt. Seit 1990 nimmt das Unternehmen seine Verpackungen zurück.

Können Sie in bezug auf Ihre Heimat Beispiele für Unternehmen mit direktem Absatzsystem nennen? Wie groß ist der Anteil gegenüber Unternehmen, die indirekte Absatzwege bevorzugen? **2**

Klären Sie im Gespräch die Bedeutung der nebenstehenden Komposita mit dem Grundwert „liefern". Ergänzen Sie das Gespräch zwischen Herrn Härtler und Herrn Kreberg entsprechend. **3**

Härtler: Und, wie ist der erste Messetag verlaufen, Herr Kreberg? Sind die Plakate noch rechtzeitig _____geliefert worden?

Kreberg: Ja, das hat noch geklappt. Die Druckerei hat sogar das Befestigungsmaterial _____geliefert. Was aber noch wichtiger ist: Ich habe einen Spielzeugproduzenten kennengelernt, der uns wesentlich preiswerter mit Spielzeug _____liefern könnte als unser derzeitiger _____lieferbetrieb. Was halten Sie davon?

Härtler: Das klingt nicht schlecht. Aber der gute Mann soll erst einmal ein schriftliches Angebot bei uns _____liefern. Dann können wir ja weitersehen.

Vor allem im Distributions- oder Vertriebsbereich spielt der Begriff „Logistik" eine wichtige Rolle. Was kann man darunter verstehen? Lesen Sie die Definition sehr genau und geben Sie den Inhalt mit eigenen Worten wieder. Beschreiben Sie das Schaubild. **4**

> Die Logistik hat dafür zu sorgen, daß ein Empfangspunkt gemäß seines Bedarfs von einem Lieferpunkt mit dem *richtigen Produkt* (in Menge und Sorte) im *richtigen Zustand* zur *richtigen Zeit* am *richtigen Ort* zu den dafür minimalen Kosten versorgt wird.

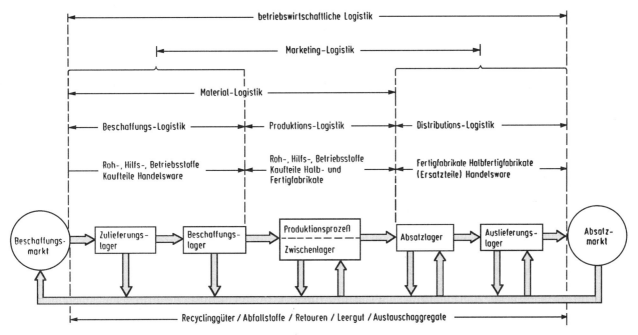

H.C. Pfohl, Logistiksysteme

5 Beschreiben Sie die Darstellung zur Gliederung der Vertriebsmittel. Verwenden Sie hierbei die Redemittel auf S. 55.

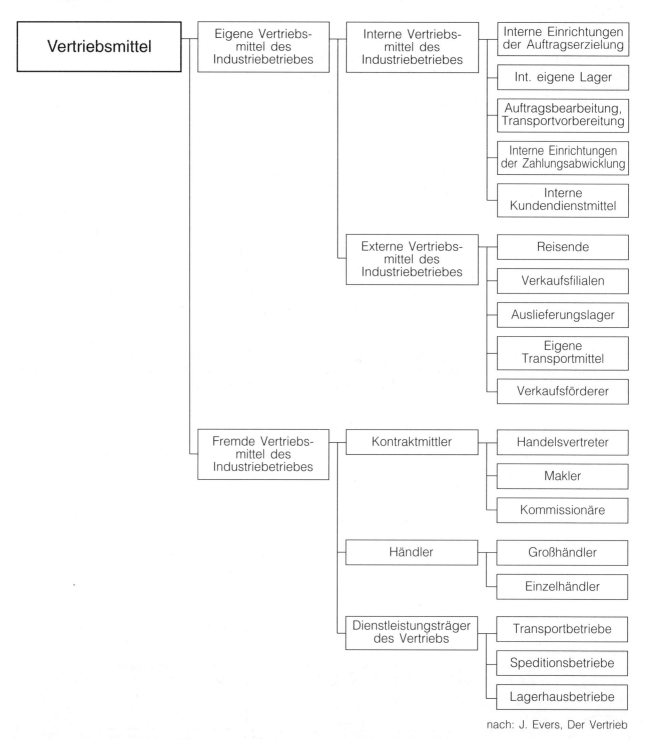

nach: J. Evers, Der Vertrieb

6

Grenzen Sie die Bedeutung der nachstehenden Begriffe voneinander ab:

der Händler(-) / der Kontraktvermittler(-)

_____
_____

das interne Lager(ː) / das Auslieferungslager(ː)

_____
_____

der Handelsvertreter(-) / der Kommissionär(-e)

_____
_____

der Makler(-) / der Kommissionär(-e)

_____
_____

der Transportbetrieb(-e) / der Speditionsbetrieb(-e)

_____
_____

7

Ergänzen Sie die fehlenden Wortteile in dem Gespräch zwischen Herrn Härtler und Frau Nebach:

Härtler: Ich glaube wir bekommen _ernstzunehmende Schwierigkeiten_[1], Frau Nebach.

Nebach: Wieso, ich denke, die Messe hat _ein äußerst zufriedenstellendes Ergebnis_[2] gebracht?

Härtler: Das ist es ja gerade. Ich habe von Herrn Kreberg eben _die während der Messe eingegangenen Best_____[3] bekommen: Es liegen Aufträge über jeweils 70 0000 Stück Überraschungsseife von Groß_____ aus Finnland, Frankreich und Österreich vor. Zählt man die aus Deutschland geordnete Menge_[4] hinzu, sind es insgesamt 300 000 Stück.

Nebach: Unser in_____ Lager hat aber nur eine Kapazität von 200 000 Stück, oder?

Härtler: Richtig, Frau Nebach. Wir müssen also nicht nur verstärkt produzieren, sondern auch sehr schnell Auslieferungs_____ einrichten oder Lagerhausb_____ finden, über die der Vert_____ abgewickelt werden kann.

Nebach: Das heißt, Sie wollen _eine dezentral organisierte Dist_____[5] erreichen?

Härtler: Ja genau. Ansonsten müßten wir _unsere gerade umgebaute Lagerhalle_[6] erneut vergrößern. Außerdem könnten wir den Han_____ beziehungsweise _unsere weiter entfernt arbeitenden Handelsv_____ und Komm_____[7] nicht so schnell beliefern.

8 Formen Sie die in dem Gespräch kursiv gedruckten Satzteile in Relativsätze um.

Beispiel: die von Herrn Härtler beauftragten Speditionen
die Speditionen, die von Herrn Härtler beauftragt worden sind

1. _____

2. _____

3. _____

4. _____

5. _____

6. _____

7. _____

9 Welche Argumente könnte Frau Nebach gegen die von Herrn Härtler geplante dezentrale Distribution einwenden?
Welche Lösung halten Sie für sinnvoller? Diskutieren und entscheiden Sie!

10 Ordnen Sie die jeweils zutreffende Definition zu:

die Leerkosten (Pl.): _____

die Kostendegression(-en): _____

die Konventionalstrafe(-n): _____

die Lagerhaltungskosten (Pl.): _____

die variablen Kosten (Pl.): _____

die Fixkosten (Pl.): _____

die Fehlmengenkosten (Pl.): _____

die Stückkosten: _____

a) Feste Kosten, die anfallen, obwohl z.B. eine Produktionsanlage nicht genutzt wird.
b) Eine Geldbuße, die gezahlt werden muß, wenn ein Vertrag nicht eingehalten wird.
c) Kosten, die entstehen, wenn die gefertigten Produkte zur Bedarfsdeckung nicht ausreichen.
d) Kosten, die von der Auftrags- und Beschäftigungslage unabhängig sind.
e) Kosten, die sich mit dem Beschäftigungsgrad ändern.
f) Kosten, die für die Lagerung anfallen.
g) Die auf eine Leistungseinheit (z.B. ein bestimmtes Produkt) bezogenen Durchschnittskosten.
h) die Kostensenkung(-en)

Ergänzen Sie die nachstehenden Begriffe an der jeweils zutreffenden Stelle des Diagramms: **11**

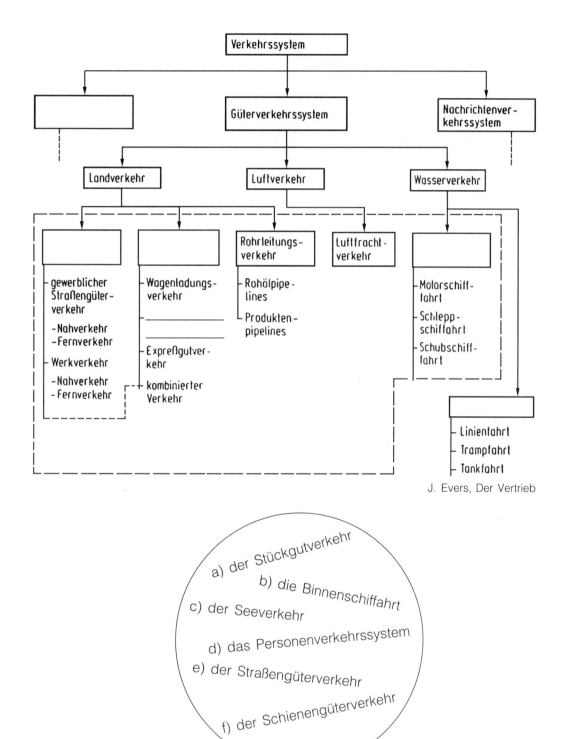

J. Evers, Der Vertrieb

a) der Stückgutverkehr

b) die Binnenschiffahrt

c) der Seeverkehr

d) das Personenverkehrssystem

e) der Straßengüterverkehr

f) der Schienengüterverkehr

12 **Markieren Sie beim ersten – schnellen – Lesen des Textes diejenigen Aussagen, die darüber Auskunft geben, unter welchen Voraussetzungen a)** *Leerkosten***, b)** *Konventionalstrafen* **und c)** *Fehlmengenkosten* **entstehen.**
Übertragen Sie die Aussagen des Textes auf die Situation in unserem Unternehmen (vgl. Übung 7). Diskutieren Sie, welche Kosten Herr Härtler und Frau Nebach vermeiden und wie sie die Transportkosten gering halten können.

Machen Kunden den Kauf der Produkte von der unmittelbaren Vorrätigkeit bzw. von der Kürze der Lieferzeit abhängig, so ist der technisch-formale Charakter des Transports und der Lagerhaltung um eine akquisitorische Komponente ergänzt. Scheitert der Kontraktabschluß an der mangelnden Lieferbereitschaft, so besteht die
5 Gefahr, daß die Kunden auf Erzeugnisse der Konkurrenz zurückgreifen. Aus dem Einsatz der anderen Absatzinstrumente zur Schaffung der für den Produktkauf notwendigen Bedingungen können dann Leerkosten entstehen. Dies ist beispielsweise dann der Fall, wenn durch Werbung ein großes Nachfragevolumen geschaffen wurde, welchem aber aufgrund mangelnder Lieferbereitschaft nicht entsprochen
10 werden kann.

Ist ein Auftrag bereits angenommen und kann nicht geliefert werden, so können eventuell noch Kosten für Konventionalstrafen wegen Nichterfüllung entstehen. Dabei müssen derartige Kosten aber nicht unbedingt auf Mängel in der physischen Distribution zurückzuführen sein. Es können auch Mängel in der Produktion bzw.
15 bei der Abstimmung der Teilbereiche vorliegen.

Fehlmengenkosten aufgrund mangelnder Lieferbereitschaft lassen sich durch Einschaltung von Zwischenlägern reduzieren. Daneben besteht die Möglichkeit, sie durch aufwendigere Transportverfahren (z.B. Luftpost statt einfacher Paketpost) zu vermeiden. Die Kosten mangelnder Lieferbereitschaft sind bei zentraler Lagerhal-
20 tung am Ort der Produktion im allgemeinen höher als bei einer Lagerhaltung am Ort der Kaufgelegenheit.

Die Transportkosten pro Stück oder pro Auftrag hängen vom eingesetzten Transportmittel ab. Sie weisen bei verschiedenen Transportmitteln Unterschiede bezüglich ihrer variablen und fixen Bestandteile sowohl im Hinblick auf die zu trans-
25 portierenden Mengen als auch im Hinblick auf die räumliche Entfernung auf. Bei gleicher Entfernung läßt sich ein Mengen-Kosten-Zusammenhang anhand von drei angenommenen Transportmitteln – Paketpost, eigener LKW, Bahnwaggon – wie folgt darstellen:

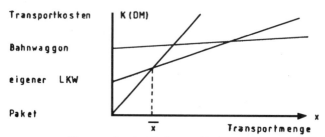

Transportkosten bei verschiedenen Transportmitteln und -mengen

Die durchschnittlichen Transportkosten pro Stück hängen bei fixen Kostenbe-
30 standteilen der Transportmittel von deren Auslastung ab. Der Einsatz eines bestimmten Transportmittels ist erst ab einer bestimmten Mindestmenge rentabel. Diese Mindestmenge beträgt z.B. für den eigenen LKW x. Unterstellt man, daß immer das kostengünstigste Transportmittel eingesetzt wird, so läßt sich aus dieser Tatsache für eine Vielzahl verschiedener Transportmittel eine Degression der
35 Transportstückkosten in Abhängigkeit von der Gesamttransportmenge ableiten.

J. Evers, Der Vertrieb

Ordnen Sie die Verben passend zu: **13**

die Rüge(-n) _____

einen Anspruch geltend _____

den Empfang der Ware _____

fehlerhafte Ware _____

einen Preisnachlaß _____

einen Vertrag _____

einen Schaden _____

machen

erfüllen   erteilen

bestätigen

ersetzen

reklamieren

gewähren

Unser Unternehmen hat von dem Spielzeug-Zulieferer fehlerhafte Ware erhalten: Die gelieferten   **HV 17**
Spielzeugfiguren sind einfarbig anstatt dreifarbig. Herr Härtler beschwert sich telefonisch bei dem
Hersteller. In dem Gespräch kommen nachstehende Wendungen vor.
**Versuchen Sie die Wendungen vor dem Hören zu ergänzen. Spielen Sie das Gespräch. Über-
prüfen Sie beim ersten Hören Ihre Ergänzungen.**

Ebbach	*Härtler*

○ Ich _____ Sie nicht recht   ○ Das schlägt ja wohl dem Faß _____

○ Das kann doch nicht _____.   ○ Eine schöne Besch _____!

○ Das ist mir wirklich p_____!   ○ Das ist Ihre _____.

○ Wie kann ich denn die Scharte   ○ Ich verstehe wohl nicht _____.

   wieder _____?   ○ Darauf können Sie sich _____.

Wie würde ein solches Gespräch in Ihrer Heimat verlaufen? Berichten Sie.   **14**

15 Ergänzen Sie die folgenden Begriffe. Entscheiden Sie, welchen der Gewährleistungsansprüche unser Unternehmen geltend machen soll.

> die Wandelung(-en)   die Minderung(-en)
> der Umtausch (Sg.)   der Schadensersatz (Sg.)

Mängelrüge

Lieferung mangelhafter Ware

Der Verkäufer hat die Pflicht, die bestellte Ware mangelfrei zu liefern. Der Käufer hat die gelieferte Ware sorgfältig zu prüfen und eventuelle Mängel genau festzustellen. Weist die gelieferte Ware Mängel auf, die der Lieferer zu
5 vertreten hat, ist der Vertrag nicht ordnungsgemäß erfüllt, und es liegt eine *Lieferung mangelhafter Ware* vor.

Rechtsansprüche des Käufers (Gewährleistungsansprüche)

Hat ein Käufer bei mangelhaft gelieferter Ware rechtzeitig die Mängel angezeigt, kann er folgende Gewährleistungsansprüche wahlweise geltend
10 machen:

- _____ (§ 462 BGB), d.h. Rückgängigmachung des Vertrages. Der Käufer wird sie in Anspruch nehmen, wenn er von einem anderen Lieferanten inzwischen ein günstigeres Angebot bekommen hat.

- _____ (§ 480 BGB), d.h. Neulieferung. Der Käufer
15   wird ... verlangen, wenn der vereinbarte Kaufpreis z.B. besonders günstig war. Das ist allerdings nur möglich, wenn es sich um „vertretbare" Ware handelt (Gattungskauf). Bestimmte Waren sind vom ... allerdings ausgeschlossen:
   – *Sonderangebote* und Waren zu Sonderpreisen mit dem ausdrücklichen
20   Hinweis auf Ausschluß des Umtauschs.
   – *benutzte, getragene, veränderte, beschädigte Waren* (z.B. Wäsche, Schallplatten).

- _____ (§ 462 BGB), d.h. Preisnachlaß. Der Käufer wird auf der ... des Kaufpreises bestehen, wenn er die Ware trotz der Mängel
25   verwenden kann und will.

- _____ *wegen Nichterfüllung* (§ 463 BGB). Der Käufer kann ... fordern, wenn
   – der Ware eine *zugesicherte Eigenschaft fehlt*, sie z.B. nicht dem eingesandten Muster entspricht oder
30   – ein Mangel *arglistig verschwiegen* wurde.
   Der Verkäufer wird in diesem letzten Recht deshalb so hart in die Pflicht genommen, weil sich aus dem Fehlern der zugesicherten Eigenschaft oder dem arglistigen Verschweigen erhebliche Folgeschäden ergeben können.

35 **Abfassen einer Mängelrüge**

Die Mängelrüge kann formlos erfolgen. Damit der Käufer beweisen kann, daß er den Mangel gerügt hat, sollte er eine *schriftliche Mängelrüge* abgeben. Er bestätigt den Empfang der Ware, beschreibt die festgestellten Mängel genau und teilt darüber hinaus mit, welche der ihm zustehenden Ansprüche er gel-
40 tend machen will. Bis zur endgültigen Klärung des Falles hat der Käufer die Pflicht, die Ware ordnungsgemäß aufzubewahren.

Eberling/Fischer, Einzelhandelsbetriebslehre

Schreiben Sie – entsprechend Ihrer Entscheidung in Übung 15 – eine Mängelrüge an den Spielzeugfabrikanten (Gert Ebbach, Karolingerstr. 225, 40223 Düsseldorf). Verwenden Sie außer den nachstehenden Redemitteln auch die Satzschalttafeln zu „Bezugnahme" und „Mitteilung" (Reihe 6, Test 2). **16**

Die Mängelrüge

die	von Ihnen gelieferte	Ware	nicht einwandfrei funktioniert.		
der			folgende Mängel aufweist: ( ).		
das			unvollständig		
			teilweise	beschädigt	ist.
				unbrauchbar	
				fehlerhaft	

Wir	bitten Sie daher um	einen	angemessen	Preisnachlaß	
					in Höhe von ( ).
		Rücknahme der beanstandeten Ware.			
		unverzügliche Behebung der Mängel.			
	werden alle daraus entstehenden Schadenersatzforderungen an Sie weiterleiten.				
Dadurch ist uns ein Schaden in Höhe von ( ) entstanden. Die Kosten gehen zu Ihren Lasten.					

17 **Klären Sie die Bedeutung der nachstehenden Redewendungen im Gespräch. Formulieren Sie mit Hilfe der Wendungen eigene Beispielsätze:**

in der Tinte sitzen: _____

etw. (Akk.) mit Ach und Krach schaffen: _____

etw. (Akk.) gut über die Bühne bringen*: _____

einen schlechten Einstand haben: _____

etw. (Akk.) an den Mann bringen*: _____

Farbe bekennen*: _____

HV 18 Eine Krisensitzung

Herr Härtler, Herr Frantler und Herr Ehrland haben sich zu einer Krisensitzung getroffen, in der eine Lösung des Lieferproblems gefunden werden soll.
Die Gesprächspartner haben zunächst sehr unterschiedliche Vorstellungen bezüglich des weiteren Vorgehens.
Hören Sie die Diskussion, und notieren Sie stichwortartig außer den einzelnen Vorschlägen auch die Konsequenzen, die jeweils mit einer Realisierung verbunden wären.

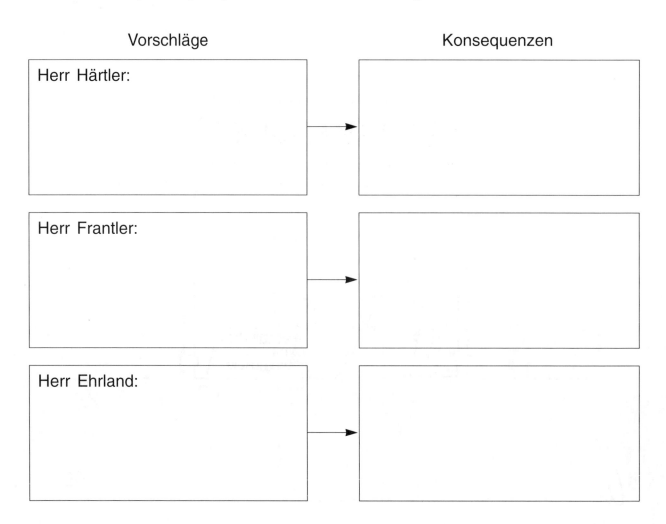

Vorschläge	Konsequenzen
Herr Härtler:	
Herr Frantler:	
Herr Ehrland:	

Würden Sie einer der genannten Lösungen zustimmen oder haben Sie andere Vorschläge? **18**
Diskutieren und entscheiden Sie!

Mit dem finnischen Geschäftspartner müssen noch Lieferbedingungen ausgehandelt werden. **19**
Worin unterscheiden sich die nachstehend genannten Klauseln der „Incoterms" (International Commercial Terms)? Kreuzen Sie in der Übersicht auf der nächsten Seite an, welche Gebühren unser Unternehmen jeweils übernehmen muß:

1. EXW „Ex works" – „Ab Werk" – besagt, daß der Käufer alle Kosten und Gefahren von dem Zeitpunkt an tragen muß, an dem der Verkäufer die Ware zur Verfügung gestellt hat. Insbesondere trägt der Käufer auch die Zollgebühren und Abgaben, die bei der Ausfuhr bzw. der Einfuhr anfallen.

2. FCA Bei „Free carrier" – „Frei Fachtführer ... (benannter Ort)" – hat der Verkäufer nur die Versandkosten bis einschließlich der Verladung auf das Frachtfahrzeug des Frachtführers zu tragen. Der Frachtführer oder eine andere Person (z.B. ein Spediteur) wird vom Käufer benannt oder vom Käufer in Übereinstimmung mit dem Verkäufer ausgewählt.

3. FAS Ist „Free alongside ship" – „frei Längsseite Schiff ... (benannter Verschiffungshafen)" – vereinbart, hat der Verkäufer die Ware zum vereinbarten Zeitpunkt dem Hafenbrauch entsprechend Längsseite Schiff zu liefern und bis dahin alle Kosten und Gefahren zu tragen. Der Käufer trägt neben den Verladungs- und Frachtkosten, Zöllen und Nebenabgaben bei Einfuhr oder Ausfuhr insbesondere das Risiko zusätzlicher Kosten, die bei rechtzeitigem Eintreffen des benannten Schiffes eintreten.

4. FOB „Free on board" – „Frei an Bord ... (benannter Verschiffungshafen)" – besagt, daß der Verkäufer alle Kosten und Gefahren zu tragen hat, bis die Ware tatsächlich die Reling des Schiffes im Verschiffungshaften überschritten hat. Dazu gehören alle mit der Ausfuhr zusammenhängenden Kosten sowie alle Formalitäten, die zur Verbringung der Ware an Bord erforderlich sind.

5. CFR Bei „Cost and freight" – „Kosten und Fracht ... (benannter Bestimmungshafen)" – trägt der Verkäufer alle Kosten bis zur Verbringung der Ware zum Bestimmungshafen.

6. CIF Durch „Cost, insurance, freight" – „Kosten, Versicherung, Fracht ... (benannter Bestimmungshafen)" – hat der Verkäufer zusätzlich die Versicherungskosten zu tragen, bis die Ware die Reling des Schiffes im Bestimmungshafen überschritten hat.

7. CPT „Carriage paid to" – „Frachtfrei ... (benannter Bestimmungsort)" – bedeutet, daß der Verkäufer die Fracht für die Beförderung der Ware bis zum benannten Bestimmungsort trägt. Die Gefahr des Verlusts oder der Beschädigung der Ware geht – ebenso wie zusätzliche Kosten – vom Verkäufer an den Käufer über, sobald die Ware dem Frachtführer übergeben worden ist.

8. CIP „Carriage and insurance paid to" – „Frachtfrei versichert ... (benannter Bestimmungsort)" – besagt, daß der Verkäufer die gleichen Verpflichtungen wie bei der CPT-Klausel hat, jedoch zusätzlich die Versicherung abschließen und die Versicherungsprämie zahlen muß.

	Versand bis Bahnhof Osnabrück	Versand bis Hafen Lübeck	Verbringung an Bord	Zoll	Versand bis Hafen Helsinki	Versicherung bis einschl. Entladung
EXW						
FCA						
FAS						
FOB						
CFR						
CIF						
CPT						
CIP						

Zur Formulierung der Lieferbedingungen bieten sich folgende Möglichkeiten:

Die Lieferung

Die Lieferung erfolgt			frei Längsseite Schiff mit getrennter Post frei Haus		
senden schicken liefern	wir	Ihnen	frei Waggon per Bahn/Schiff/LKW als Eil-/Stück-/Frachtgut als Einschreiben/Postgut frei deutsche Grenze	die das den die	gewünschte bestellte bestellten gewünschten
			wie	abgesprochen angekündigt vereinbart	

20 **Formen Sie die nachstehenden Partizipialkonstruktionen in Relativsätze um – bzw. umgekehrt:**

a) die zum Versand bereitgestellte Ware

b) die vom Verkäufer zu tragenden Versicherungskosten

c) die Zollgebühren, die entrichtet werden müssen

Unter nehmens plan spiel

Sofern Sie sich in Übung 15 nicht für eine Rückgabe der fehlerhaften Ware entschieden haben, bedeutet dies einen Imageverlust für unser Unternehmen. Ziehen Sie in diesem Fall 5000,– DM von Ihrem Guthaben ab.

Übertrag aus Reihe 9:	DM
Abzug:	DM
Punkte aus Test 9 x 1000:	DM
Punkte aus der Planspielaufgabe x 1000:	DM
Summe:	**DM**

Reihe 11

Außenhandel · internationaler Zahlungsverkehr

Small talk führen

Reihe 11

1 Noch ungeklärt sind die *Zahlungsbedingungen*, die dem finnischen Großhändler auferlegt werden sollen.
Erläutern Sie anhand der nachstehend aufgeführten Zahlungsbedingungen, wie der jeweilige Zahlungsvorgang verläuft. Verfahren Sie dabei ähnlich wie in dem Formulierungsbeispiel:

Sofern **die Zahlung** durch Banküberweisung **erfolgt**, bekommt der Gläubiger den Rechnungsbetrag auf sein Bankkonto gutgeschrieben.

gegen Nachnahme: _____

_____

in bar: _____

_____

durch Verrechnungsscheck: _____

_____

durch Euroscheck: _____

_____

in (   ) Monatsraten: _____

_____

durch Vorauskasse: _____

_____

durch Dokumentenakkreditiv: _____

_____

durch Akzept: _____

_____

rein netto ohne Abzug: _____

_____

2 Bei den Zahlungsbedingungen unterscheidet man zwischen *Zahlungsmittel* und *Zahlungsweise*.
Vervollständigen Sie die Übersicht mit Hilfe der Angaben aus Übung 1. Ergänzen Sie jeweils den Artikel:

das Zahlungsmittel	die Zahlungsweise
	die Nachnahme(-n)

**Worin besteht der wesentliche Unterschied zwischen den genannten Zahlungsweisen? 3
Für welche Zahlungsweise(n) sollte sich unser Unternehmen nicht entscheiden, wenn erst
seit kürzerer Zeit Kontakte zu einem Geschäftspartner bestehen?**

**Ergänzen Sie beim ersten Lesen des Textes die fehlenden Endungen. 4
Formulieren Sie eine Überschrift, die das Kernthema des Artikels stichwortartig wiedergibt:**

Zwei Beispiele für die Zahlungsabwicklung beim Außenhandel sind *Zahlung
nach Erhalt der Waren* und *Vorauszahlung bzw. Anzahlung:*

Bei der **Zahlung nach Erhalt der Waren** ist der ausländisch_____ Geschäftspartner in der risikogünstiger_____ Situation. Er erhält die Waren, über-
5 prüft sie und bezahlt erst dann die Rechnung. Der Exporteur wird diese
Bedingung erst nach langjährig_____ Geschäftsbeziehungen und bei einem
ausgeprägt_____ Vertrauensverhältnis einräumen.

Vorauszahlung und **Anzahlung** bedeuten, daß der Exporteur kein oder nur
ein gering_____ Risiko eingeht. Diese Zahlungsabwicklung setzt groß_____
10 Vertrauen von seiten der ausländisch_____ Kunden voraus.

Diese beiden Beispiele machen die Grundproblematik deutlich: Während
einerseits der ausländisch_____ Käufer meist nicht bereit ist, eine Ware, die
er noch nicht erhalten hat, zu bezahlen, möchte andererseits der Verkäufer
erst dann liefern, wenn er weiß, daß er die Bezahlung für seine Lieferung
15 auch tatsächlich erhalten wird. Dieses grundsätzlich_____ Problem wird
durch unterschiedlich_____ rechtlich_____ und wirtschaftlich_____ Rah-
menbedingungen in den einzelnen Ländern verschärft.

W. Weber, Betriebswirtschaftslehre

Anlage Z 1 zur AWV	**ZAHLUNGSAUFTRAG IM AUSSENWIRTSCHAFTSVERKEHR**	Dem Geldinstitut mit
	Meldung nach § 59 der Außenwirtschaftsverordnung	Blatt 2 einreichen

52: An **Deutsche Bank** Postfach 10 06 13 Roßmarkt 18/Eing. Große Gallusstr. D–6000 Frankfurt 1	BLZ _____ Telefon: (0 69) 2 14-0 Tx: 4 1 730-0 fm d, Fax: 2 14 27 54 BLZ: 500 700 10	GA FIL KDN
		WAE BETR BUS
		BKN ORT
☐ Zahlung ☐ Akkreditiv zu Lasten des ☐ Inkasso Einlösung Ihre Nr.	☐ DM-Kontos ☐ Währungs-Kontos ☐ Währungs-Termin-Kontos	KTV TXT
Ohne zusätzl. Weisung sind Sie berechtigt, den Auftrag als Zahlg. zu Lasten des DM-Kts zu behandeln.		FREF TX VTGK
32: Währung	Betrag in Ziffern	VAL SP WEI SVS SPR
Betrag in Worten		BELKTO 2./3. BILD
50: Auftraggeber (Meldepflichtiger)	Konto-Nr.	ANL BE TS AWV SKD DUP
Name		STA REZI BB LKZ
Straße Ort		Schluß-Nr. vom
57: Bank des Begünstigten		REF-Nr. /
		Verrechnungswege/Besondere Weisungen
59: Begünstigter	Konto-Nr.	
Name		

5 Um das Zahlungsrisiko auf beiden Seiten zu mindern, wird im Außenhandel meistens ein *Zug-um-Zug-Geschäft* vereinbart: Das Verkaufsgut geht erst dann in das Eigentum des Käufers über, wenn er Zahlungsleistungen erbracht hat.
Was könnte in diesem Zusammenhang die Zahlungsbedingung „Kasse gegen Dokumente" bedeuten?

6 **Ordnen Sie die nebenstehenden Bezeichnungen für Außenhandels-Dokumente passend zu:**

Versanddokumente

_____ : es dokumentiert im Seeverkehr den Empfang der Ware durch den Reeder und die Verpflichtung zu Beförderung und rechtmäßigem Aushändigen der Ware.

_____ : ein Versandpapier in der Binnenschiffahrt.

_____ : Bescheinigung des Auftrags, die Ware an den Empfänger auszuliefern. Der Empfang muß bestätigt werden (hauptsächlich im Luft- und Landverkehr gebräuchlich).

der Ladeschein(-e)
das Konnossement(-s)
die Handelsrechnung(-en)
der Lagerempfangsschein(-e)
die Police(-n)
die Warenverkehrsbescheinigung(-en)
das Ursprungszeugnis(-se)
der Frachtbrief(-e)

Versicherungsdokumente

_____ : Dokument über den Abschuß einer Transport- oder Kreditversicherung.

Handels- und Zolldokumente

_____ : Dokument über den Abschluß einer Transport- oder Kreditversicherung.

_____ : ein Papier, mit dem überprüft werden kann, ob eine Übereinstimmung mit dem Kaufvertrag und der Zahlungsanweisung durch den Importeur besteht.

_____ : ein Zertifikat, das die Herkunft der Ware bescheinigt.

_____ : eine Erklärung des Exporteurs, daß die Ware entweder in einem Land der Europäischen Gemeinschaft hergestellt worden ist, oder daß sie in der EG zum freien Verkehr freigegeben ist.

Lagerhaltungsdokumente

_____ : Bescheinigung des Lagerhalters, die Ware erhalten zu haben und sie dem Berechtigten auszuhändigen.

7 Frau Nebach schlägt vor, dem finnischen Kunden angesichts des großen Lieferumfangs eine Preisvergünstigung einzuräumen. Sie stellt zwei Möglichkeiten zur Diskussion.
Worin besteht der Unterschied?

der Rabatt(-e): _____

der/das Skonto(-s, selten -ti): _____

Ordnen Sie die Verben passend zu. Formulieren Sie dabei im Passiv Perfekt: **8**

Beispiel: der Wechsel **ist akzeptiert worden** (= das Akzept)

die Versicherung _____

das Dokument _____

die Rechnung _____

der Empfang _____

Zahlungen _____

Rabatt _____

der Wechsel _____ (= die Tratte) _____

einräumen

akzeptieren   leisten

begleichen*

bestätigen   abschließen*

aushändigen

Übertragen Sie den Text unter Beachtung der korrekten Rechtschreibung und Zeichenset- **9**
zung:

einwechselisteinorderpapierdaseinzahlungsversprechenenthält
derausstellerversprichtdarindiezahlungeinerbestimmtengeldsum
meoderverpflichtetsichdiesummedurcheinenaufdemwechselbe
nanntendrittenzahlenzulassendervomausstellerunterschriebene
wechselwirdalstrattebezeichnetwirdderwechselvondembezoge
nenangenommensprichtmanvoneinemakzeptiertenwechseloder
einemakzept

10 **Ergänzen Sie in dem Schaubild die fehlenden Begriffe:**

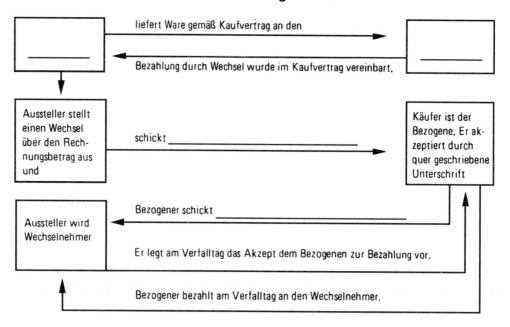

liefert Ware gemäß Kaufvertrag an den

Bezahlung durch Wechsel wurde im Kaufvertrag vereinbart.

| Aussteller stellt einen Wechsel über den Rechnungsbetrag aus und | schickt _____ | Käufer ist der Bezogene. Er akzeptiert durch quer geschriebene Unterschrift |

Bezogener schickt _____

Aussteller wird Wechselnehmer

Er legt am Verfalltag das Akzept dem Bezogenen zur Bezahlung vor.

Bezogener bezahlt am Verfalltag an den Wechselnehmer.

Die Entstehung und Einlösung eines Akzepts

Damit eine Urkunde als **gezogener Wechsel** gilt, muß sie nach Art. 1 des Wechselgesetzes folgende gesetzliche Bestandteile enthalten.
1 Die Bezeichnung „**Wechsel**" im Text der Urkunde.
2 Die **unbedingte Anweisung**, eine bestimmte Geldsumme zu zahlen.
3 Der Name dessen, der zahlen soll (**Bezogener**).
4 Die Angabe der **Verfallzeit**. Ein Wechsel ohne Angabe der Verfallzeit gilt als Sichtwechsel, der bei Vorlage zahlbar ist.
5 Die Angabe des **Zahlungsortes**. Fehlt diese Angabe, so gilt der bei dem Namen des Bezogenen angegebene Ort als Zahlungsort.
6 Die Angabe der Person, an die bzw. an deren Order gezahlt werden soll (Wechselnehmer, Remittent). Soll die Wechselsumme an den Aussteller gezahlt werden, wird er an „eigene Order" ausgestellt.
7 Die Angabe des **Ausstellungstages** und -ortes. Fehlt die Angabe dieses Ortes, gilt der Ort beim Namen des Ausstellers als Ausstellungsort.
8 Die **Unterschrift des Ausstellers**

Freier/Rauschhofer: atlas wirtschaftslehre

_____, den _____ 19__ | Nr. d. Zahl.-Ortes | Zahlungsort | Verfalltag

Ort und Tag der Ausstellung (Monat in Buchstaben)

Gegen diesen Wechsel - erste Ausfertigung - zahlen Sie am _____ 19__

Monat in Buchstaben

an _____   DM _____

Deutsche Mark _____   Betrag in Ziffern

Pfennige wie oben

Betrag in Buchstaben

Bezogener _____

in _____

Ort und Straße (genaue Anschrift)

Zahlbar in _____

bei _____

Name des Kreditinstituts   z. L. Konto Nr.

Angenommen

V/66 131000

Unterschrift und genaue Anschrift des Ausstellers

Stempelmarken auf der Rückseite unmittelbar unter diesem Rande aufkleben!

Herr Härtler und Frau Nebach haben sich in bezug auf den finnischen Kunden für ein *Dokumenten-Akkreditiv* entschieden.
Lesen Sie den Text über den Ablauf eines Akkreditiv-Geschäfts und ergänzen Sie die Präpositionen.
Vervollständigen Sie anhand des Textes das Diagramm.

Exporteur und Importeur haben einen Vertrag über eine Warenlieferung geschlossen. Der ausländische Importeur erteilt _____ seine Bank, die Akkreditiv-Bank, einen Akkreditiv-
5 auftrag (1). Die Akkreditiv-Bank teilt dies der Bank des Exporteurs mit (2): Damit ist die Voraussetzung _____ den Versand der Waren geschaffen; der Verkäufer verfügt nun _____ das gewünschte Zahlungsverspre-
10 chen. Die Waren werden versandt (3). Die Dokumente, die die Waren repräsentieren und den Versand beweisen, gehen nun _____ die Bank des Exporteurs (4). In dem dargestellten Beispiel wird davon ausgegangen, daß
15 die Zahlung an den Exporteur sofort _____ Übergabe der Dokumente erfolgt (5).

Die Bank des Exporteurs leitet die Dokumente _____ die Akkreditiv-Bank (6), die sie an den Importeur weitergibt (7), der nun
20 _____ die eingegangenen Waren verfügen kann. Die Bank des Importeurs stellt dann der Bank des Exporteurs die finanzielle Gegenleistung _____ die Waren zur Verfügung (8). Zum gleichen Zeitpunkt oder _____ einem
25 anderen vereinbarten Termin muß der Importeur die Forderung _____ der Akkreditiv-Bank ausgleichen (9).
Das Dokumenten-Akkreditiv hat deshalb besondere Bedeutung, weil es auch _____
30 große Entfernungen hinweg einen Zug-_____-Zug-Geschäft zwischen Käufer und Verkäufer ermöglicht.

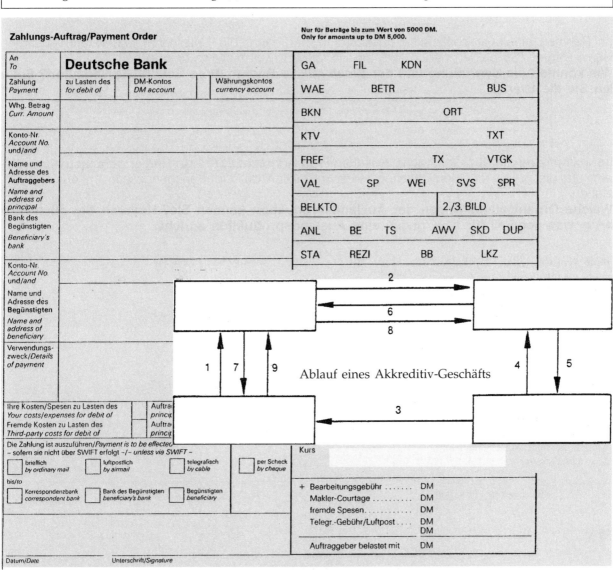

Ablauf eines Akkreditiv-Geschäfts

12 *nehmen, stehen, bringen, kommen, finden* oder *treffen*?

Ergänzen Sie das jeweils passende Verb, und finden Sie eine passende Verb-Umschreibung:

Platz *nehmen* _____   *sich setzen* _____

in Schwung _____   _____

Anklang _____   _____

Vorbereitungen _____   _____

Verbreitung _____   _____

etw. in Erfahrung _____   _____

zur Diskussion _____   _____

in Betracht _____   _____

in Verzug _____   _____

zur Wahl _____   _____

in Anspruch _____   _____

Zustimmung _____   _____

zur Sprache _____   _____

13 Im Rahmen einer Geschäftsreise besucht Frau Artmann, die Unternehmensberaterin aus Kiel, Herrn Härtler. Die beiden haben sich bereits längere Zeit nicht mehr gesehen.
Wie könnten die Begrüßung und der *Small talk* zu Beginn ihres Gesprächs verlaufen? Spielen Sie die Szene!

14 Im weiteren Verlauf des Gesprächs zwischen Frau Artmann und Herrn Härtler geht es unter anderem um die Frage, ob Möglichkeiten einer Produktion der Überraschungsseife im Ausland bestehen.
Welche Organisationsformen der Auslandsproduktion kennen Sie? Notieren Sie stichwortartig, was generell für bzw. gegen eine Auslandsproduktion spricht:

joint venture, [engl., wörtl.: *gemeinsames Unternehmen*], Kooperation verschiedener Unternehmen durch Gründung gemeinsam geleiteter Produktionsbetriebe und Absatzorganisationen, an denen jeder Partner sich mit solchen Produktivkräften beteiligt, über die er am reichhaltigsten verfügt, j.v. ist gebräuchl. bei internat. Kooperationen vor allem auch zw. Unternehmen bzw. Einrichtungen westl. Industrieländern einerseits und Entwicklungs- oder Staatshandelsländern andererseits.

U. Schreiber,
Handlexikon Wirtschaft

+

–

Auslandsaktivitäten

Sie hören jetzt das Gespräch zwischen Frau Artmann und Herrn Härtler.
Ergänzen Sie nach dem zweiten Hören die nachstehende Skizze:

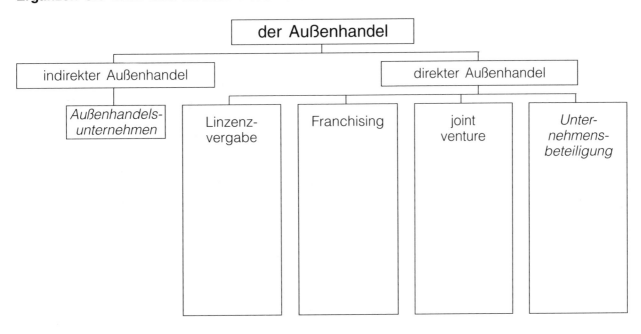

der Außenhandel

indirekter Außenhandel | direkter Außenhandel

Außenhandels-unternehmen | Linzenz-vergabe | Franchising | joint venture | *Unter-nehmens-beteiligung*

Unter nehmens plan spiel

Tausend
Deutsche Mark

Für welche der genannten Auslandsaktivitäten plädieren Sie als Gesell-schafter unseres Unternehmens? Würden Sie Ihr gewonnenes Kapital in ein Auslandsgeschäft investieren?
Stellen Sie Ihren Vorschlag zur Diskussion, und versuchen Sie, einen gemein-samen Gesellschafter-Beschluß zu erreichen. Errechnen Sie zu diesem Zweck den Gesamtgewinn, den Ihre Gesellschafter-Gruppe seit Unterneh-mensgründung erzielt hat:

Übertrag aus Reihe 10:	DM
Punkte aus Test 10 x 1000:	DM
Punkte aus der Planspielaufgabe x 1000:	DM
Summe:	**DM**
Kapitalgewinn der Gesellschafter insgesamt:	**DM**

15 Während ihrer Reise durch Österreich fallen Frau Nebach und Herrn Härtler viele Wörter auf, die ihnen unbekannt sind oder die sie anders schreiben würden.
Kennen Sie die hochdeutschen Entsprechungen bzw. die hochdeutschen Schreibweisen?

die Kundmachung(-en): _____

der Heurige(-n): _____

die Schank(-en): _____

der Topfen(-): _____

die Havarie(-n): _____

das Telephon(-e): _____

der Ausgleich(-e): _____

das Krügel(-): _____

das Seidel(-): _____

sodaß: _____

heuer: _____

Telephonische Anzeigenannahme

ES GESCHAH IN

Wien

Das Riesenglück hatte die Form eines Müllcontainers aus Plastik: Ein zwei Jahre altes chinesisches Kind, das Mittwoch in der Nottendorfergasse in Wien-Landstraße vom Balkon 10 m in die Tiefe stürzte, wurde von einem Mistkübel aufgefangen. Xufeng Yan zerkratzte sich dabei nur die linke Wange. Als der Bub dann noch auf den Gehsteig stürzte, landete er glücklicherweise auf dem „gepolsterten" Hinterteil, sodaß auch hier kein größeres Malheur passierte.

Unklarheit über deutsche Konjunktur

HAMBURG (ag). Die deutschen Konjunkturprognosen erhalten zunehmend den Anschein von Zufallsergebnissen. Während noch vor wenigen Tagen von einem unverändert starken Wirtschaftswachstum auch 1990 die Rede war, so prophezeite gestern das Hamburger Institut für Wirtschaftsforschung einen deutlichen Einbruch der deutschen Konjunktur.

Nur mehr um 2,5 Prozent soll die bundesdeutsche Wirtschaft 1990 wachsen, während heuer noch mit 3,5 Prozent gerechnet wird.

Kundmachungen

Bundesministerium für Finanzen

Zl. MO–310/79–III/12/89

Verordnung
des Bundesministers für Finanzen ... 1989, mit der die ... Festsetzung ... dem Zuk-

Konkurse und Ausgleiche

Vorverfahren
ERÖFFNUNG:

Svv 1/89. Schuldner:

Walter Geiler,
Inhaber der nicht prot. Firma „Elektroinstallationen ... Sillian, Heinfels Nr. 115.

Österreich

BUSCHENSCHANK HANS ...
Altwiener Heurigen-Garten, Kinderspielplatz. Schinkenfleckerl, Surstelzen, div. Obststrudel. Geöffnet tägl. ab 15.30, Mo Ruhe, 19., Probusg. 10, Tel. 37 22 47

Ford **KUNDENDIENST**

OFFIZIELLER FORD-DIENST
ERSATZTEILE, HAVARIE, NEUWAGEN
KUNDENDIENST f. ALLE MARKEN

FRANZ BUCINA KG

1190, RADELMAYERGASSE 3 **36 15 45**

Frau Nebach und Herr Härtler – oder: Sabine und Steffen? **16**

Das Duzen ist im deutschen Geschäftsleben relativ unüblich und nur unter der Voraussetzung möglich, daß man sich längere Zeit kennt und sympathisch findet.
Was halten Sie von dieser Konvention? Was ist in Ihrer Heimat üblich?
Würden Sie Herrn Härtler und Frau Nebach vorschlagen, sich zu duzen?
Lesen Sie den Text, und diskutieren Sie, ob es tatsächlich stimmt, daß das Duzen leicht zu Autoritätsverlusten führen kann.

Na, du?

Bm. – Die Unbekümmertheit ist das Schmiermittel jugendlicher Kommunikation. Der innere Drang zur Profilierung regt sich noch nicht. In unserer Sprache kommt es im persönlichen Fürwort „Du" pla-
5 stisch zum Ausdruck. In anderen Sprachen ohne diese direkte Anrede äußert sich die Verbrüderung im Tonfall, in der Formulierung der Sätze und in der Gestik (Körpersprache).

Dieses „Du" kann zum Hemmschuh der Karriere
10 werden. Es kann, es muß nicht unbedingt. Aber kein Seminar mit angehenden Führungskräften versäumt, auf die Problematik dieses persönlichen Fürwortes hinzuweisen.

Das Thema wird aktuell, wenn die Selbstachtung
15 zur Sprache kommt, dieser gewisse Stolz auf die eigene Persönlichkeit. Da hospitieren oder volontie-
ren sie gemeinsam, haben nette Stunden in der Frei-
zeit miteinander. Man duzt sich. Doch die Zeit hat Flügel. Die beruflichen Wege trennen sich schnell.
20 Der eine ist zufrieden mit der erreichten Position, der andere will weiter nach oben und schafft es auch.

Nun ist es zweifellos eine Charakterfrage, wie sich der eine zu seinem aufgestiegenen Duzfreund verhält. Die Praxis lehrt aber, daß nicht selten aus

25 diesem Fürwort ein besonderer Anspruch abgeleitet wird, der sich gern im Kreise mehrerer Kollegen äußert.

Da klingt dann selbst ein salopp dahingeworfenes „Na, du?" leicht abfällig. Es rührt an die Persön-
30 lichkeit des Vorgesetzten, die er aber auf keinen Fall preisgeben darf, wenn das Heft des Handelns nicht entgleiten soll.

Führen heißt also auch, sich zu distanzieren, ohne nicht deutlich Teil der Arbeitsgemeinschaft zu blei-
35 ben. Das „Du", man mag's beklagen, ist dabei eher hinderlich, denn es verleitet zum etwas rauheren Umgang miteinander.

Der Alltag lehrt es. Selbst die, die einem besonders nahestehen, ja, die man liebt, belegt man leich-
40 ter mit einer groben Vokabel. Einem Fremden gegenüber wären verbale Ausfälle undenkbar.

So kann das „Du" zur Karrierebremse werden, zumindest aber zum Hindernis. Wer einsteigt, um aufzusteigen, sollte dies bedenken und stets vor
45 Augen haben, daß die Selbstachtung – so egozen-
trisch das klingen mag – das Fundament der Persönlichkeit ist.

Die Welt

Quellenangaben

Abbildungen

S. 7: Foto, F. Lichtwitz, München

S. 9: Übersicht „Top Ten der Berufe", Emnid-Institut, Bielefeld

S. 12: Übersicht „Persönlichkeitsmerkmale", Handelsblatt v. 30./31.8.91

S. 15: Schaubild „Unternehmensformen", Erich Schmidt Zahlenbild 201 310

S. 17: Cartoon, Pika/Wolfgang Baaske Cartoon Agentur, München

S. 19: Schaubild „Das Handelsregister", Erich Schmidt Zahlenbild 201315

S. 20: Cartoon, E. Liebermann/Wolfgang Baaske Cartoon Agentur, München

S. 22: Zeichnungen, Erich Schmidt Verlag, Berlin

S. 25: Industriekarte Deutschland, G.F. Schmid, Kleine Deutschlandkunde, S. 40, 1992, Klett Wissen und Bildung, Stuttgart

S. 26: Schaubild „Arbeitslosenquoten", Globus Kartendienst, Index Funk 5995; Schaubild „Branchenstruktur", Handelsblatt v. 5./6.6.91

S. 27: Cartoon, O. Schumacher, Wachtberg

S. 29: Schaubilder „Entwicklung der Arbeitszeit" und „Lohnangleichung", Handelsblatt v. 5./6.6.91

S. 33: Foto, Deutsche Messe AG

S. 35: Foto, U. Kment, München

S. 37: Foto, Merck, Darmstadt

S. 47: Foto, Werbeagentur Von Mannstein, Solingen

S. 48: Foto, Frankfurter Wertpapierbörse AG

S. 49: Schaubild, Bundeszentrale für politische Bildung, Informationen zur politischen Bildung, Wirtschaft - Verbraucher und Markt (1), H. 173, S. 9

S. 55: Organigramm, H. Grünwald, Marketing 1, 8. Aufl. 1991, expert-verlag, Ehningen

S. 57: Cartoon, E. Liebermann/Wolfgang Baaske Cartoon Agentur, München

S. 61: Foto, Presse-Service, Bonn

S. 70: J. Stauber/Wolfgang Baaske Cartoon Agentur, München; Lehmann/Madincea/Pannek, Materialien zur ITG, Fig. 3.2, 1987, J.B. Metzler, Stuttgart/BG. Teubner, Stuttgart

S. 72: E. Liebermann/Wolfgang Baaske Cartoon Agentur, München

S. 75: Foto, Hakawerk W. Schlotz GmbH, Waldenbuch

S. 76: Foto, Henkel KGaA, Düsseldorf

S. 79: Schaubild, Marshall Cavendish Limited (Picture Library), London

S. 80: Zeichnungen, G. Krüger, Grundwissen praktische Betriebswirtschaft, S. 150, 1989, Wilhelm Heyne Verlag, München

S. 88: Werbeanzeigen, Rothmans Cigaretten GmbH, Hamburg; Campari Deutschland GmbH, München

S. 89: Grafik „Ost-Deutsche sind häuslicher ...", SPIEGEL SPEZIAL 1/91

S. 94: Cartoon, E. Hürlimann, München

S. 95: Karte „DDR wurde Nielsen 6", SPIEGEL SPEZIAL 1/91

S. 96: Schaubild, Globus Kartendienst 8979

S. 97: Preislisten, Radio Antenne Franken (Bamberg), Bayerische Rundfunkwerbung GmbH (München), Charivari (Nürnberg)

S. 101: Cartoon, K.-H. Brecheis/Wolfgang Baaske Cartoon Agentur, München

S. 103: Foto, Süddeutscher Verlag Bilderdienst, München

S. 105: Schaubild „Das Arbeitsverhältnis", U. Freier/G. Rauschhofer, Atlas Wirtschaftslehre, S. 54, 1984, Betriebswirtschaftlicher Verlag Dr. Th. Gabler GmbH, Wiesbaden

S. 110: Schaubilder, Globus Kartendienst 7613 und 9566

S. 115: Foto, Messe Frankfurt GmbH

S. 119: Foto, AMK Berlin

S. 121: Foto, AMK Berlin

S. 125: Cartoon, E. Dietl/Wolfgang Baaske Cartoon Agentur, München

S. 126: Grundrisse, AMK Berlin

S. 127: Grundriß, AMK Berlin

S. 131: Foto, Deutsche Lufthansa AG (Bildstelle), Köln

S. 132: Foto, Hakawerk W. Schlotz GmbH, Waldenbuch

S. 133: Schaubild, H.-C. Pfohl, Logistiksysteme, S. 16, 1985, Springer-Verlag, Heidelberg

S. 136: Foto, Deutsche Bundesbahn, Presse- und Öffentlichkeitsarbeit, Mainz

S. 137: Foto, J. Evers, Der Vertrieb, 1979, Physica-Verlag, Heidelberg

S. 139: Foto, Deutsche Bundesbahn, Presse- und Öffentlichkeitsarbeit, Mainz

S. 141: Cartoon, E. Liebermann/Wolfgang Baaske Cartoon Agentur, München

S. 147: Foto, Siemens AG, München

Zeichnung „Unternehmensplanspiel" (S. 18, 34, 44, 59, 73, 86, 101, 113, 129, 145, 155): J. Wilk, Düsseldorf

Texte

S. **13:** Bundesministerium für Wirtschaft, Starthilfe, S. 20 f., gekürzt

S. **16:** Text zu Zahlenbildern 2013108/81, Erich Schmidt Verlag, Berlin

S. **19:** Bundesministerium für Wirtschaft, Starthilfe, S. 63 f., gekürzt

S. **27:** M. Hüfner, Krailling (Handelsblatt Nr. 127/91)

S. **31:** Handelsblatt v. 26.6.91, Bernd von Stumpfeldt

S. **32:** Wirtschaftswoche v. 16.8.91: „Immobilienmarkt Leipzig", 12.10.90: „Ostdeutschland", „Neue Länder"

S. **39:** G. Krüger, Grundwissen praktische Betriebswirtschaft, S. 84, 1989, Wilhelm Heyne Verlag, München

S. **41:** G. Wöhe/J. Bilstein, Grundzüge der Unternehmensfinanzierung, 6. Aufl. 1992, Verlag Franz Vahlen, München

S. **42:** Handelsblatt v. 5./6.6.91, U. Ott

S. **44:** G. Krüger, Grundwissen praktische Betriebswirtschaft, S. 84, 1989, Wilhelm Heyne Verlag, München

S. **54:** H. Grünwald, Marketing 1, expert-verlag, 8. Aufl. 1991, Ehningen

S. **68:** A. Schliz, Leiterin des Sekretärinnen-Fachinstituts, Köln

S. **71:** Süddeutsche Zeitung v. 16.11.87

S. **80:** G. Krüger, Grundwissen praktische Betriebswirtschaft, S. 150 f., 1989, Wilhelm Heyne Verlag, München

S. **85:** Lexikon der modernen Technik, Marshall Cavendish Limited, London

S. **90:** Handelsblatt v. 10.9.92

S. **91:** Rheinische Post Nr. 120/1989

S. **93:** Wirtschaftswoche Nr. 1/2 1992

S. **99:** E. Obermaier, Grundwissen Werbung, S. 51 f., 1991, Wilhelm Heyne Verlag, München

S. **111:** Frankfurter Allgemeine Zeitung v. 27.7.88

S. **117:** Gabler Wirtschaftslexikon, S. 370, 12. Aufl. 1988, Wiesbaden

S. **121:** B. Amble/H. Schwalbe, Besser telefonieren - mehr verkaufen, S. 13, 1988, Rudolf Haufe Verlag, Freiburg

S. **132:** Hakawerk W. Schlotz GmbH, Waldenbuch

S. **138:** J. Evers, Der Vertrieb, 1979, Physica-Verlag, Heidelberg

S. **140:** Ebeling/Fischer, Einzelhandelsbetriebslehre, S. 108 f., 1990, Klett Wissen und Bildung, Stuttgart

S. **149:** W. Weber, Telekolleg 2, Betriebswirtschaftslehre, S. 116 f., 5. Aufl. 1991, TR-Verlagsunion, München

S. **152:** U. Freier/G. Rauschhofer, Atlas Wirtschaftslehre, S. 124, 1984, Betriebswirtschaftlicher Verlag Dr. Th. Gabler GmbH, Wiesbaden

S. **154:** U. Schreiber, Handlexikon Wirtschaft, Wilhelm Heyne Verlag, München

S. **157:** Die Welt Nr. 242/1988